Essen in der Stillzeit

AUTORIN: DAGMAR VON CRAMM | FOTOS: JÖRN RYNIO

Praxistipps

Extra

Rezepte

Das Wunder des Stillens

Stillen tut Ihnen gut. Ihr Körper kommt wieder in Form, denn die Reserven aus der Schwangerschaft werden abgebaut. Gleichzeitig schafft Stillen Inseln der Ruhe und Kraft.

Stillen lässt sich lernen

Nach der Entbindung sind Sie und Ihr Kind wahrscheinlich hellwach und bereit zum Stillen bzw. Trinken. In der ersten Stunde ist der Saugreflex beim Baby besonders ausgeprägt. Nutzen Sie das: Legen Sie Ihr Kind direkt nach dem Abnabeln an. Die Hebamme wird Ihnen dabei helfen. Sie weiß, wie Sie Ihr Kind halten sollten und wie Sie ihm helfen, die Warze samt Brusthof mit seinem Mund zu umfassen. Nuckelt es nur an der Warze, kann das nämlich sehr unangenehm sein. Was aber, wenn Sie beide nach der Geburt zu erschöpft sind? Sie sollten auf keinen Fall zufüttern. Geben Sie nicht auf und legen Sie so bald und so häufig wie möglich an. Dann sind die Anfangsschwierigkeiten schnell vergessen.

Die Vormilch

Anfangs wird Ihr Kind nur einen Fingerhut Milch bekommen – die ist aber besonders wertvoll! Die erste Milch hat einen extrahohen Gehalt an Mineralstoffen und Antikörpern, die Ihr Kind schützen!

Wenn Sie das Baby in den ersten Tagen häufig anlegen, braucht es keine zusätzliche Flüssigkeit. Außerdem schießt dann die Milch erheblich sanfter ein. Das kann bis zu drei oder vier Tage nach der Geburt dauern: Ihr Busen scheint dann förmlich zu explodieren. Wenn Sie Ihr Kind in dieser Phase stündlich trinken lassen, baut sich kein Druck in der Brust auf, und Ihr Baby kann leichter trinken.

Was Muttermilch so ideal macht

Sie ist maßgeschneidert für die Bedürfnisse des Kindes: Viel Milchzucker sorgt für eine gesunde Darmflora und weichen Stuhl; Molkenprotein ist besonders leicht verdaulich; die Fettsäuren Linol- und Arachidonsäure beeinflussen die Gehirnentwicklung positiv; Immunoglobuline schützen vor Bakterien und Allergenen. Ist das Baby krank, verändert sich sogar die Zusammensetzung der Muttermilch: Sie enthält dann bis zu fünfmal mehr Abwehrzellen! Im Sommer ist die Milch »dünner«, im Winter kalorienreicher. Außerdem kennt Ihr Kind Ihre Geschmacksvorlieben schon aus dem Mutterleib. Auch die Milchmenge richtet sich nach der Nachfrage: Sie pendelt sich auf den Hunger Ihres Kindes ein. Während es Wachstumsschübe hat, können sich die Abstände zwischen den Stillmahlzeiten verringern – bis Ihre Milchproduktion in Fahrt gekommen ist.

Bewusste Ernährung ist wichtig

Mineralstoffe wie Kalzium, Eisen oder Magnesium holt sich Ihr Kind aus Ihren Reserven, notfalls auch auf Ihre Kosten. Auch die meisten B-Vitamine bekommt Ihr Kind nur ausreichend, wenn Sie selbst gut versorgt sind. Der Fettgehalt der Muttermilch sinkt, wenn die Mutter hungert. Es lohnt sich deshalb für Ihre eigene Gesundheit und die gute Entwicklung Ihres Babys, den Mehrbedarf an Nährstoffen (der deutlicher ansteigt als der an Kalorien) gezielt zu erfüllen.

Was beim Stillen passiert

Die Milch ist in den Brüsten gut verpackt! Erst der Saugreiz oder der Gedanke ans Baby setzt das Hormon Oxytocin frei und löst den Milchflussreflex aus. Die Milch schießt durch die Milchgänge zur Warze. Im selben Moment zieht sich die Gebärmutter zusammen – das fördert die Rückbildung. Stress, Angst oder Kälte können den Reflex in seltenen Fällen stören. Deshalb sind Entspannung, Geborgenheit und Wärme am Stillplatz sehr wichtig. Sind Sie nach einigen Wochen routiniert, können Sie auch im größten Chaos ganz entspannt stillen.

Wohlgefühl beim Stillen

Richten Sie sich eine Kuschelecke mit Stillkissen ein, wo Sie ungestört sind und es bequem haben. Stellen Sie eine Thermoskanne mit Ihrem Lieblingsgetränk bereit, vielleicht auch etwas Obst oder Ihre Lieblingslektüre.

BABYFREUNDLICHES
KRANKENHAUS
Eine Initiative von WHO und unicef

Babyfreundliches Krankenhaus

Dort gibt es Still-Infos schon für Schwangere. Die Kliniken legen Wert darauf, dass das Kind in den ersten 30 Minuten nach der Geburt angelegt wird. Es gibt zudem ein Zufütterungsverbot bei gesunden Neugeborenen, 24 Stunden Rooming-in sowie keine Gummisauger oder Schnuller für gestillte Babys.

Babyfreundliche Krankenhäuser werden von der WHO und UNICEf ausgezeichnet. Infos gibt's unter www.babyfreundlich.org.

Gestillte Babys haben's besser

Sie sind klüger, seltener krank und haben ein geringeres Risiko als »Flaschenkinder«, übergewichtig zu werden. Gründe dafür kann man noch nicht eindeutig benennen.

Kaum etwas ist so gut untersucht wie Muttermilch. Die Forschung ist zudem sehr bemüht, einen ädaquaten Ersatz zu schaffen. Säuglingsmilchnahrung ist heute in hohem Maße an das Original angepasst, kann dennoch nie ganz die Qualität von Muttermilch für das einzelne Kind erreichen. So riecht und schmeckt Muttermilch jeden Tag anders – Flaschenmilch immer gleich. Wahrscheinlich hat das Einfluss auf das spätere Ernährungsverhalten. Aber auch die Zusammensetzung der Muttermilch spielt eine Rolle. Kinder, die neun Monate gestillt wurden, waren mit einem Jahr einen Zentimeter kleiner und 900 Gramm leichter als Flaschenkinder – sie haben eine gute Voraussetzung für ein späteres Normalgewicht.

Wie oft, wie lang, wie viel stillen?

Wer stillt, muss sich darüber nicht so viele Gedanken machen. Sie merken mit der Zeit, wann Ihr Baby hungrig ist – und es weiß instinktiv, wann es satt ist. Während es in den ersten Tagen nur einige Minuten trinkt, saugt es später an jeder Brust 10–15, langsame Trinker auch 20 Minuten.

INFO

So klappt's

Ihr Baby soll mit seinem Mund den ganzen Vorhof, nicht nur die Warze, umfassen. Wenn Sie es von der Brust lösen möchten, schieben Sie behutsam Ihren kleinen Finger in Babys Mundwinkel, um den Saugdruck zu senken. Ziehen Sie das Kind nicht einfach von der Brust, das tut weh!

Lassen Sie Ihr Baby immer eine Brust ganz leer trinken: Während die Milch anfangs zum Durstlöschen dünner ist, enthält die Endmilch mehr Fett und ist sättigender. Beim nächsten Mal dann an der letzten Brust beginnen, damit jede einmal ganz leer getrunken wird.

Einen festen Trinkrhythmus wird Ihr Baby in den ersten Wochen schwer finden. Sobald sich aber Angebot und Nachfrage eingespielt haben, sollten Sie Trinkpausen von mindestens zwei Stunden einhalten. Das beugt auch Blähungen vor. Wenn bei Wachstumsschüben der Hunger wächst, können die Abstände zum Ankurbeln der Produktion vorübergehend kürzer werden.

Die Nachtmahlzeit wird Ihr Kind wahrscheinlich etwas länger brauchen – es hat einen enormen Kalorienbedarf und einen noch kleinen Magen.

Übrigens: Ein voll gestilltes Baby braucht selbst im Hochsommer weder Tee noch Wasser! Sie selber sollten mehr trinken, denn Ihre Milch verdünnt sich durch die Hitze automatisch, und Ihr Baby trinkt entsprechend mehr.

Keine Mahlzeit verschlafen

Kleine oder früh geborene Babys verschlafen gern eine Mahlzeit. Doch gerade sie müssen gepäppelt werden. Wecken Sie deshalb Ihr Kind immer nach ca. drei Stunden. Nicht darauf warten, dass es sich von alleine meldet.

Wenn das Kind nicht trinken mag

Bei Stillproblemen hilft Ihnen am besten eine Hebamme – die Krankenkasse zahlt in den ersten zehn Tagen täglich einen, bis zum Ende des Mutterschutzes bis zu acht Hausbesuche. Danach können noch zwei Besuche zur Stillberatung abgerechnet werden. Bei längeren Problemen kann der Kinder- oder Hausarzt jederzeit einen Besuch verschreiben.

Ist Ihr Baby trinkfaul, sollten Sie es vorübergehend in kürzeren Abständen anlegen, also »aufpäppeln«, auch wenn es sich nicht meldet. Vielleicht braucht es einfach einen kleinen Anfangsschub.

Wenn Sie sich körperlich stark angestrengt haben, kann sich auch der Milchgeschmack verändern; meiden Sie deshalb körperliche Höchstleistung vor dem Stillen.

Zufüttern und weiterstillen?

Muttermilch deckt im 1. Halbjahr alle Bedürfnisse Ihres Kindes – toll, wenn Sie sechs Monate stillen. Danach braucht Ihr Baby vor allem Eisen. Deshalb ist es dann Zeit für den Mittagsbrei aus Kartoffeln, Möhren und Fleisch. Nach und nach können nachmittags ein Getreide-Obst-Brei und abends ein Milchbrei dazukommen. Sie können aber zusätzlich morgens und abends weiterstillen – so kann man auf die Flasche verzichten, denn ab neun Monaten kann Ihr Kind aus der Trinklerntasse trinken. Nach und nach wird Ihre Milchproduktion durch das reduzierte Anlegen zurückgehen und durch Kleinkindkost ersetzt werden.

INFO

Babyhunger

Ihr Kind bestimmt mit seinem Appetit, wann es satt ist. Solange es gedeiht, ist dies das wichtigste Kriterium. Folgende Werte können Ihnen als grobe Richtlinie für die Trinkmenge dienen:

Alter	Trinkmenge
1 Tag	20 ml
2 Tage	100–200 ml
3 Tage	150–180 ml
4 Tage	250–300 ml
1 Woche	400–500 ml
4 Wochen	600–700 ml
2 Monate	700–800 ml
4 Monate	900 ml–1 l
6 Monate	1 l minus Beikost

Allergieprophylaxe durch Stillen

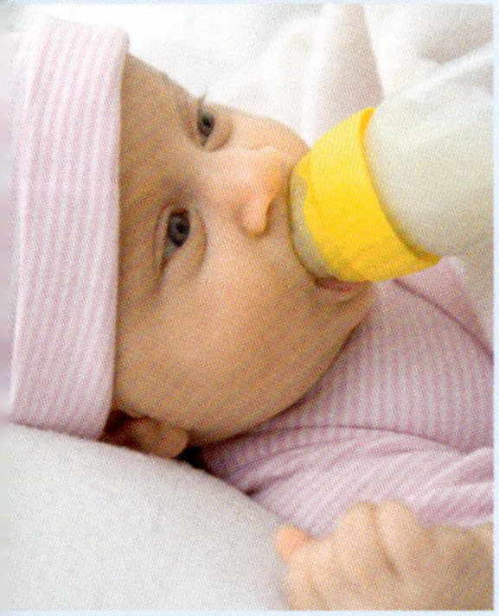

Die »MAS-Studie« (Multizentrische Allergiestudie an der Charité Berlin) mit über 1500 Babys hat gezeigt, dass Unverträglichkeiten und Ekzeme von Säuglingen und Kleinkindern im Schulalter zu 80 % verschwinden.

Immunstärkende Substanzen Entgegen alter Erkenntnisse zeigen neue Studien: Stillen allein kann Allergien nicht vorbeugen. Es kann aber einen guten Beitrag dazu leisten. Ein Grund ist, dass Muttermilch selbst nur wenige artfremde Eiweiße enthält. Noch wichtiger scheinen aber ihre immunstärkenden Substanzen zu sein. Immunglobulin A trainiert das Immunsystem; Lymphozyten wehren Erreger ab; Lactoferrin gelangt übers Blut in Niere und Harnblase und tötet dort Keime ab; Mehrfachzucker (Oligosaccharide) verhindern die Ansiedlung von Krankheitskeimen im Darm; Bifidusbakterien sorgen für eine gesunde Darmflora.

Muttermilch Je nachdem, was Sie essen, gelangen über die Muttermilch »fremde« Eiweißmoleküle in den Verdauungstrakt Ihres Babys, z. B. von Kuhmilch, Fisch oder Nüssen. Das ist gut so, denn Minimengen von Allergenen beugen einer Sensibilisierung vor. Deshalb ist es auch nach neuesten Erkenntnissen gut, ab dem 4. Monat parallel zum Stillen Minimengen Beikost zu füttern. Der Kinderarzt kann mit einer Blutuntersuchung feststellen, ob bei Ihrem Kind eine Allergie vorliegt. Ist dies der Fall, werden bei Ihnen mit einem Provokationstest die verdächtigen Allergene ermittelt. Nur wenn die Ergebnisse positiv sind, müssen Sie entsprechende Lebensmittel meiden.

Statt Muttermilch Wenn das Stillen nicht klappt, gibt es geeignete Säuglingsmilchnahrung, mittlerweile auch mit allergievorbeugenden Zusätzen. Diese sogenannten Prebiotika sind Oligosaccharide, die sich positiv auf die Darmflora des Babys auswirken und somit die Verdauung verbessern. In einer Mailänder Langzeitstudie bekamen Babys Säuglingsmilchnahrung mit Prebiotika. Das Ergebnis: Das Allergierisiko in Bezug auf atopische Dermatitis (Ekzem) konnte um rund 50 % gesenkt werden, auch Infektionskrankheiten waren seltener. Die Erklärung: Oligosaccharide, die in ähnlicher Form auch in der Muttermilch vorkommen, dienen im Darm gesundheitsfördernden Bakterien als Nahrung, krank machende werden im Wachstum gehindert. Bei probiotischen Zusätzen (Bakterienkulturen) ist die positive Wirkung unklar – die Deutsche Gesellschaft für Kinder- und Jugendmedizin rät davon ab.

Ihr Kind isst mit

Nicht verrückt machen Ein gestilltes Kind bekommt alles mit, was die Mutter isst. Das macht es fit fürs Leben und scheint auch die Geschmacksentwicklung positiv zu beeinflussen. Sein Verdauungssystem muss allerdings erst reifen. So können ihm einige Lebensmittel in den ersten Stillwochen zu schaffen machen. Da hilft manchmal einfach, weniger davon zu essen. Wenn sich nach zwei Tagen nichts ändert, weiter essen wie vorher. Bei einer Besserung nach zwei Wochen, können Sie wieder andere Lebensmittel probieren, denn das Baby wird täglich stabiler. Auf keinen Fall sollten Sie vorbeugend einseitig essen! Intensiver Sport vor dem Stillen kann die Milch säuerlich machen. Auch stark duftende Körperpflege kann einen negativen Einfluss auf den Geschmack haben.

Stillen prägt den Geschmack

Obst mit viel Fruchtsäuren

Reichlich Fruchtsäuren in Zitrusfrüchten, Ananas, Kiwi, Johannis- oder Stachelbeeren, aber auch in Früchtetee, saurem Gemüse (z. B. Tomaten) können Babypopos wund machen.

Blähungen können von derben Kohlsorten, Milch, Zwiebeln, Knoblauch, Lauch, Hülsenfrüchten und rohem Steinobst verursacht werden. Auch hier gilt: Probieren Sie, ob Weglassen hilft.

Kaffee, Tee, Cola, Koffein und Alkohol reichern sich im Blut des Babys an. Das könnte der Grund sein, wenn Ihr Kind nicht zur Ruhe kommt. Auch Schokolade kann schuld sein – Threobromin wirkt ähnlich. Am besten ist es, keine oder nur wenig – und das nach dem Stillen – essen.

Was mache ich, wenn ...

... ich zu wenig Milch habe?

Dann sollten Sie ausreichend trinken und essen; das Kind häufig genug anlegen; Ruhepausen einlegen, wann immer möglich. Auch den Tag mit dem Kind im Bett zu verbringen ist erlaubt. Bitten Sie Ihre Hebamme, Kinderarzt, Familie oder Freunde um Hilfe. Vertrauen Sie darauf: Sie haben so viel Milch, wie Ihr Kind braucht.

... ich zu viel Milch habe?

Dann ist es wichtig, Milchbildner auf dem Speisezettel zu reduzieren; weniger zu trinken; mindestens zwei Stunden Pause zwischen den Stillzeiten einzuhalten; das Baby an die andere Brust zu legen, bevor die erste ganz leer ist. Nicht zur Erleichterung abpumpen oder ausstreichen! Kalte Wickel dämpfen den Druck. Vorsicht vor Milchstau!

... mein Baby wund ist?

Eventuell ist Ihre Ernährung der Auslöser: Zitrusfrüchte, Beeren, Schokolade, Zucker und stark Saures werden verdächtigt. Lassen Sie diese Lebensmittel einige Tage weg. Ändert sich nichts, kann das nicht die Ursache für die Hautprobleme sein. Konsultieren Sie dann den Kinder- oder Hautarzt. Und essen Sie so abwechslungsreich wie zuvor.

... mein Baby ein Ekzem hat?

Klären Sie erst mit dem Arzt, ob es nicht harmloser Milchschorf o. Ä. ist. Bei Neurodermitis ist Stillen besonders wichtig. Probieren Sie, ob der Verzicht auf Milch, Ei, Schokolade, Nüsse und Zitrusfrüchte in Ihrem Essen einen Effekt hat. Essen Sie Lebensmittel mit vielen Omega-3-Säuren: Borretsch-, Lein- und Rapsöl (Reformhaus), Lachs, Makrele und Hering.

... ich bzw. mein Mann Allergiker sind?

Dann hat Ihr Kind ein Risiko von 40–60 Prozent, auch eine Allergie zu entwickeln. Stillen kann dieses Risiko reduzieren (s. Seite 8), v.a. bei vielseitiger Kost der Mutter. Wenn Babys ab Ende des 4. Monats Minimengen von Beikost – auch getreidehaltig – zugefüttert bekommen, scheint das das Risiko für Allergie und Zöliakie zu reduzieren.

... ich auf Distanz stille?

Selbst bei Berufstätigkeit oder während eines Krankenhausaufenthalts können Sie weiterstillen: Pumpen Sie Ihre Milch ab. Pumpen kann man in der Apotheke oder im Sanitätshaus mieten. Im Kühlschrank hält die Milch 2–3 Tage, im Tiefkühlfach bis zu zwei Monate. Vor dem Füttern auf Trinktemperatur erwärmen, nicht kochen! Reste darf man nicht nochmal geben.

... ich Verstopfung habe?

Das noch lockere Gewebe und die Hormone machen den Darm träge. Viele Ballaststoffe aus Vollkorn, Gemüse und Obst beschleunigen die Verdauung. Eingeweichte Trockenpflaumen, gelbe Leinsamen im Müsli und Milchzucker zum Süßen sind wirkungsvoll. Reichlich Trinken ist die wichtigste Voraussetzung für eine gute Verdauung. Nicht vergessen: Bewegung und Turnen regen die Darmbewegung an.

... ich eine Brustentzündung habe?

Das ist unangenehm und kommt bei zu viel Milch vor. Sie müssen sofort zum Arzt gehen. Umschläge mit Quark oder essigsaurer Tonerde, kombiniert mit Coolpacks, beruhigen das Gewebe. Legen Sie den Stillschwerpunkt vorübergehend auf die gesunde Brust. Wenn möglich, die Milch aus der kranken Brust behutsam ausstreichen und auffangen. Dem Baby bzw. der Milch schadet die Entzündung nicht. Nach der Heilung stillen Sie wie zuvor.

... ich wunde Warzen habe?

Pflegen Sie die Warzen vorbeugend mit Rotöl – das verträgt auch Ihr Baby. Lassen Sie außerdem nach dem Stillen die Milch auf den Warzen trocknen: Sie wirkt heilend. Das Kind nicht unnötig lange an der Brust nuckeln lassen. Achten Sie darauf, dass sein Mund den Vorhof mit umfasst. Ziehen Sie es nie von der Brust. Bitten Sie Ihre Hebamme um Hilfe.

... ich Medikamente einnehme?

Hier ist der Arzt gefragt. Wenn Ihr Baby Ihre Milch nicht trinken darf und die Behandlung begrenzt ist, lohnt es sich, abzupumpen, um die »Produktion« am Laufen zu halten und danach weiterstillen zu können. Greifen Sie in der Zwischenzeit zu Säuglingsnahrung. Bleiben Sie dann bei einer Marke und achten Sie auf eine feine Sauger-Lochung.

Frühstück

In der Nacht verbrauchte Energiereserven gilt es morgens wieder aufzufüllen. Müsli aus Getreide und Nüssen wirkt milchbildend und liefert wertvolles Eiweiß – mit Joghurt oder Milch gibt's eine gesunde Portion Kalzium. Frühstücksmuffel sollten wenigstens etwas trinken – ein Smoothie ist ideal.

Müsli-Muffins

150 g Dinkelvollkornmehl
2 TL Backpulver
60 g Rohrzucker
½ TL Zimtpulver
100 g getrocknete Datteln (oder andere Trockenfrüchte)
80 g Walnusskerne
2 kleine Äpfel (ca. 220 g)
50 g feine Haferflocken
250 g Magerquark
2 Eier
80 ml Rapsöl
1 Muffinform für 12 Stück
Fett für die Form oder 12 Papierförmchen

Für 12 Stück
15 Min. Zubereitung | 20–25 Min. Backen
Pro Stück ca. 250 kcal, 7 g EW, 13 g F, 25 g KH

1 Den Backofen auf 180° (Umluft 160°) vorheizen. Die Muffinform ggf. fetten. Mehl, Backpulver, Zucker und Zimt mischen. Die Datteln entkernen und mit den Walnüssen im Blitzhacker zerkleinern. Die Äpfel waschen, vierteln, entkernen und ungeschält im Blitzhacker zerkleinern, mit Datteln, Nüssen und Flocken mischen.

2 Quark mit Eiern und Öl glatt rühren. Dann zügig das Mehl und die Müslimischung unterrühren. Den Teig in die Muffinmulden füllen. Die Muffins im Ofen (Mitte) 20–25 Min. backen. Etwas auskühlen lassen und dann aus der Form lösen.

INFO

Rapsöl und Walnüsse sorgen für die Aufnahme von Omega-3-Fettsäuren. Sie sind für Babys Gehirnentwicklung wichtig. Quark liefert große Mengen Eiweiß, das sättigt und fördert den Körperzellaufbau.

macht satt

Bananen-Ingwer-Mix

1 Stück frischer Ingwer (2–3 cm) | 1 kleine reife Banane (ca. 120 g) | 100 ml Naturmolke | 50 ml Kokosmilch

Für 1 Portion | 5 Min. Zubereitung
Circa 145 kcal, 2 g EW, 1 g F, 32 g KH

1 Den Ingwer schälen und mit der Knoblauchpresse in eine hohe Rührschüssel drücken. Die Banane schälen und in groben Stücken dazuschneiden.

2 Die Molke dazugeben und alles pürieren. Zum Schluss die Kokosmilch untermischen.

INFO

Kokosmilch ist reich an den Mineralstoffen Magnesium, Natrium, Selen und Eisen. Ingwer bringt durch seine Schärfe, Molke durch ihren Milchzucker die Verdauung in Schwung.

milchbildend | mit viel Vitamin E

Müsli-Smoothie

100 g Erdbeeren | 100 ml Buttermilch | 2 EL Instant-Haferflocken | 1 EL Weizenkeime | 2 Walnusskerne | 2 EL Honig

Für 1 Portion | 10 Min. Zubereitung
Circa 340 kcal, 11 g EW, 7 g F, 58 g KH

1 Die Erdbeeren waschen, entkelchen und je nach Größe halbieren.

2 Beeren mit den restlichen Zutaten in den Mixer geben und gut durchmixen. Den trinkfertigen Smoothie in ein Glas gießen.

TIPP

Wenn gerade keine Saison für frische Beeren ist, kann der Smoothie auch gut aus TK-Beeren (gefroren oder angetaut) zubereitet werden.

anregend | erfrischend

Minz-Zitronengras-Tee

1 Stängel Minze | ½ TL Zitronengrastee (s. Tipp) | ½ TL Honig

Für 1 Portion | 10 Min. Zubereitung
Circa 10 kcal, 0 g EW, 0 g F, 2 g KH

1 ¼ l Wasser aufkochen. Die Minze waschen. Das Zitronengras in ein Teeei geben, die Minze dazustecken. Das Teeei in eine Kanne geben.

2 Alles mit dem kochenden Wasser überbrühen. Honig einrühren und den Tee 8 Min. ziehen lassen. Dann ist er trinkfertig.

TIPP

Zitronengrastee ist im gut sortierten Einzelhandel, Bioladen oder Reformhaus erhältlich – auch unter dem Namen Lemongrastee. Frische Kräuter enthalten gesunde Vitamine und Mineralstoffe und sind besonders wohltuend. Getrocknete sind aber eine gute Alternative.

Klassiker | für den Vorrat

Milchbildungstee

je 100 g Kümmel-, Fenchel-, Bockshornklee- und Anissamen (Apotheke, Bioladen) | 100 g getrocknete Brennnesselblätter

Für ca. 50 Portionen | 10 Min. Zubereitung

1 Alle Samen mischen und in einem gut schließenden Gefäß, z.B. einem Schraubglas, aufbewahren. Die Brennnesselblätter extra aufbewahren.

2 Für 1 Portion Tee 2 TL Samenmischung im Mörser anstoßen und mit 2 TL Brennnesselblättern in eine Kanne geben. ¼ l Wasser aufkochen und darübergießen. 10 Min. ziehen lassen, dann den Tee durch ein Sieb abgießen.

INFO

Die Samen regen die Milchbildung an. Brennnesseln enthalten reichlich Eisen für die Blutbildung und die Sauerstoffversorgung der Zellen.

verdauungsfördernd | milchbildend | für den Vorrat

Müslimix

Das Müsli ist reich an Ballaststoffen, die die Verdauung unterstützen. Haferflocken beruhigen den Magen und machen gleichzeitig glücklich.

100 g Mandeln | 100 g getrocknete Aprikosen | 200 g Amaranth-Pops (s. Tipp) | 200 g Haferflocken | 50 g geschrotete Leinsamen | 1 TL Zimtpulver

Für 15 Portionen | 10 Min. Zubereitung
Pro Portion ca. 165 kcal, 5 g EW, 5 g F, 23 g KH

1 Mandeln und Aprikosen in kleine Stücke hacken – am besten im Blitzhacker.

2 Pops, Haferflocken, Leinsamen und Zimt mit Mandeln und Aprikosen mischen. Das Müsli in einem gut schließenden Gefäß aufbewahren.

MÜSLI ANRICHTEN

3–4 EL Müsli mit 150 ml Milch oder 150 g Joghurt – beides mit 1,5 % Fettgehalt – und 1 Handvoll frischem, klein geschnittenem Obst nach Wahl mischen.

VARIANTEN

Statt der Mandeln können Sie auch Ihre Lieblingsnüsse und statt Aprikosen andere Trockenfrüchte verwenden.

VARIANTE – SCHOKOMÜSLI

Zimt und Aprikosen weglassen. 3–4 EL Müsli mit 1 TL Kakaopulver, 1 EL Schokoraspeln, 150 ml Milch und ½ gewürfelten Banane anrichten.

VARIANTE – BEI VERDAUUNGSPROBLEMEN

3–4 EL feine Haferflocken mit 150 ml Naturmolke verrühren und mit Milchzucker (Drogeriemarkt oder Apotheke) süßen. 1 Handvoll frische oder TK-Himbeeren dazugeben, 2 EL gelbe Leinsamen überstreuen. Die helfen bei Verstopfung und hartem Stuhl.

TIPP

Pops aus Amaranth, Dinkel oder Quinoa gibt's im Bioladen oder Reformhaus.

magenmild | milchbildend

Sesam-Mango-Porridge

1 EL Sesamsamen | 200 ml Milch | 30 g zarte Haferflocken | 1 TL Honig | ½ Mango (ca. 100 g)

Für 1 Portion | 10 Min. Zubereitung
Circa 335 kcal, 13 g EW, 10 g F, 47 g KH

1 Die Sesamsamen in einem Topf ohne Öl erhitzen, bis sie anfangen zu duften. Milch und Haferflocken dazugeben und alles zugedeckt ca. 2 Min. leicht kochen. Anschließend mit dem Honig süßen.

2 Die Mango schälen, das Fruchtfleisch vom Stein schneiden und klein würfeln. Das Porridge in ein Schälchen geben und die Mangowürfel darauf anrichten.

INFO

Die Ballaststoffe der Flocken machen satt und helfen der Verdauung. Sesamsamen enthalten Omega-3-Fettsäuren für die Gehirnentwicklung des Babys.

milchbildend | ballaststoffreich

Frischkornmüsli

3 EL 6-Korn-Getreide-Schrot (Bioladen oder Reformhaus) | 1 EL gelbe Leinsamen | 3 EL Apfelsaft | 1 Handvoll Beeren (z.B. Erdbeeren, Heidelbeeren, Himbeeren) | ½ Apfel | 150 g Joghurt

Für 1 Portion
12 Std. Quellen | 10 Min. Zubereitung
Circa 285 kcal, 11 g EW, 9 g F, 39 g KH

1 Getreide und Leinsamen mit Apfelsaft mischen und über Nacht im Kühlschrank quellen lassen.

2 Die Beeren waschen, verlesen und putzen. Den Apfel waschen, entkernen und grob raspeln. Mit den eingeweichten Flocken unter den Joghurt ziehen. Das Müsli mit den Beeren anrichten.

VARIANTEN

Getreideflocken müssen im Gegensatz zu Schrot nur 1–2 Std. quellen. Auch gut mit Banane oder Orange.

eiweißreich | mild

Fruchtiger Quarktoast

2 Scheiben Vollkorntoast | 2 EL Pinienkerne | 2 TL Margarine | 4 EL Magerquark | 2 TL Quittengelee

Für 1 Portion | 10 Min. Zubereitung
Circa 380 kcal, 11 g EW, 22 g F, 37 g KH

1 Die Brote im Toaster oder in der Pfanne toasten. Pinienkerne in der Pfanne ohne Fett bei mittlerer Hitze goldbraun rösten. (Vorsicht, sie verbrennen sehr leicht!)

2 Die Toastbrote zuerst mit Margarine, dann mit Quark bestreichen. Obendrauf je 1 TL Quittengelee geben und gleichmäßig verteilen. Die Pinienkerne über den Belag streuen.

INFO

Ein süßes Brot, das satt macht und Kraft gibt. Margarine und Pinienkerne sorgen für essenzielle Fettsäuren. Quitte ist besonders säurearm.

eisenreich | nervenstärkend

Tahin-Honig-Brot

100 g Erdbeeren | 1 große Scheibe Dinkelvollkornbrot (ca. 60 g) | 1 EL dunkles Tahin (Sesammus; s. Info) | 2 TL Honig

Für 1 Portion | 10 Min. Zubereitung
Circa 300 kcal, 7 g EW, 9 g F, 47 g KH

1 Die Erdbeeren waschen und entkelchen. In kleine Stücke schneiden.

2 Das Brot mit Tahin bestreichen, den Honig darauf verteilen. Zum Schluss die Erdbeeren darauflegen.

INFO – TAHIN

Tahin ist Sesammus und wird vor allem in der arabischen Küche verwendet. Es gibt weiße oder dunkle Paste. Die dunkle ist aus ungeschältem Sesam und deshalb nährstoffreicher (B-Vitamine, Folsäure und wertvolle Fettsäuren). Man bekommt es im Bio- und Orientladen oder Reformhaus.

verdauungsfördernd | schnell gemacht

Pflaumenmus

Die Pflaumen sind dank reichlicher Ballaststoffe ideal für die Verdauung. Der Ingwer mit seiner angenehmen Schärfe bringt zudem den Stoffwechsel ordentlich in Schwung.

10 Trockenpflaumen | 5–6 EL frisch gepresster Orangensaft | 1 Stück frischer Ingwer (ca. 1 cm) | 6 ungeschälte Mandeln

Für 2 Portionen
12 Std. Quellen | 10 Min. Zubereitung
Pro Portion ca. 410 kcal, 5 g EW, 4 g F, 82 g KH

1 Die Trockenpflaumen in kleine Stücke schneiden, in eine Schüssel geben, mit dem Orangensaft übergießen und über Nacht einweichen.

2 Morgens die eingeweichten Pflaumen mit einer Gabel zerdrücken, sodass ein Mus entsteht.

3 Den Ingwer schälen, durch die Knoblauchpresse in das Mus drücken und gut verrühren. Zum Schluss die Mandeln klein hacken und untermischen.

FÜR EIN GESUNDES FRÜHSTÜCK

2 Scheiben Vollkorntoast toasten, mit je 1 EL Magerquark bestreichen und das Mus darauf verteilen.

TIPPS

Wer das Mus nicht so stückig mag, kann es auch ganz einfach mit dem Stabmixer fein pürieren.
Für einen kleinen Vorrat entsprechend mehr Zutaten nehmen. Das Mus hält sich im Kühlschrank gut verschlossen (z. B. in einem Einmachglas) ca. 7 Tage.

VARIANTE

Statt der Pflaumen eignen sich auch getrocknete Aprikosen für das Mus. Schneller geht's, wenn Sie Softaprikosen verwenden, die müssen nur ca. 2 Std. einweichen.

Warme Mahlzeiten

Warme Mahlzeiten sind oft leichter verdaulich und regen außerdem die Milchbildung an. Gemüse, Kartoffeln, Getreidebeilagen, Ei, Fleisch und Fisch finden Sie zu Gerichten kombiniert, die bei mäßigem Kaloriengehalt reichlich Nährstoffe für die Milchbildung zur Verfügung stellen.

Bauernfrühstück

400 g Kartoffeln
300 g Möhren
100 g Rucola
4 Eier | 50 ml Milch
Salz | Pfeffer
100 g Hüttenkäse
3 EL Kürbiskerne
2 EL Rapsöl

Für 2 Portionen | 30 Min. Zubereitung
Pro Portion ca. 560 kcal, 33 g EW, 33 g F, 33 g KH

1 Die Kartoffeln und Möhren waschen, schälen und grob raspeln. Den Rucola waschen, verlesen, putzen und klein schneiden.

2 Die Eier mit der Milch verquirlen und die Hälfte des Rucola untermischen. Mit Salz und Pfeffer würzen. Den Hüttenkäse unterrühren.

3 Eine Pfanne erhitzen und die Kürbiskerne darin rösten, bis sie anfangen zu duften. Öl, Kartoffeln und Möhren dazugeben, würzen und bei mittlerer Hitze unter Rühren ca. 10 Min. braten, bis das Gemüse gar ist. Die Eimasse darübergießen und zugedeckt stocken lassen. Den restlichen Rucola darüberstreuen und die Tortilla servieren.

INFO

Eier und Hüttenkäse liefern hochwertiges Eiweiß, das stark sättigt und den Zellaufbau fördert. Möhren enthalten viel Vitamin A, von dem man in der Stillzeit deutlich mehr braucht. Die Aufnahme des fettlöslichen Vitamins sichert Rapsöl, das zugleich reich an Omega-3-Fettsäuren ist. Diese fördern Babys Gehirnentwicklung.

milchbildend | mild

Hühnersuppe

Fenchel und Bockshornklee regen die Milchbildung an. Die Petersilie kräftigt mit viel Vitamin C das Immunsystem. Reste dieses schönen Süppchens kann man gut einfrieren.

1 kleines Suppenhuhn (ca. 800 g) | 1 Bund Suppengemüse (Lauch, Möhre, Sellerie) | 1 Bund Petersilie | 1 EL Rapsöl | 1 TL Bockshornkleesamen (Bioladen, Reformhaus) | 2 Beutel Fencheltee | 1 TL Salz | 400 g Pastinaken | 120 g Graupen

Für 4 Portionen
40 Min. Zubereitung | 1 Std. 30 Min. Garen
Pro Portion ca. 520 kcal, 29 g EW, 29 g F, 35 g KH

1 Das Huhn – falls nötig – auftauen lassen. Innereien wegwerfen, das Huhn waschen.

2 Suppengemüse und Petersilie waschen. Den Lauch von Wurzel und welken Blattenden befreien, Möhren und Sellerie schälen. Alles grob zerkleinern. Im Suppentopf das Öl erhitzen, den Bockshornklee darin anbraten. Dann Gemüse, Huhn, Teebeutel und Salz dazugeben, alles mit etwa 1 ½ l Wasser bedecken. Kurz aufkochen und bei schwacher Hitze zugedeckt ca. 1 Std. 30 Min. köcheln lassen.

3 Inzwischen die Pastinaken waschen, schälen und würfeln. Nach Ende der Garzeit das Huhn aus der Suppe nehmen, die Brühe durch ein Sieb in einen zweiten Topf gießen. Pastinaken und Graupen dazugeben und zugedeckt ca. 30 Min. garen.

4 Inzwischen das Huhn häuten, entbeinen und das Fleisch klein schneiden. Das aufgefangene Suppengemüse pürieren oder durch ein Sieb streichen. Petersilienblättchen von den Stängeln zupfen und hacken. Alles zur Suppe geben und abschmecken.

VARIANTEN

Die Suppe schmeckt auch mit 300–400 g Suppenfleisch oder 1 Beinscheibe von Rind oder Kalb.

gut verträglich

Exotische Möhrensuppe

½ Apfel | 1 EL Öl | 1 TL Currypulver | 1 Babygläschen Möhren (190 g) | 150 ml Gemüsebrühe | 150 ml Milch | Salz | Pfeffer | Zucker | 2 EL frisch gepresster Limettensaft | 1 EL gehackte Petersilie (frisch oder TK)

Für 1 Portion | 15 Min. Zubereitung
Circa 310 kcal, 8 g EW, 17 g F, 25 g KH

1 Den Apfel schälen, putzen und fein würfeln. Öl in einem Topf erhitzen und den Apfel darin unter Rühren andünsten. Currypulver darüberstäuben.

2 Möhren, Brühe und Milch unterrühren. Aufkochen und zugedeckt bei schwacher Hitze ca. 5 Min. köcheln lassen. Die Suppe mit Salz, Pfeffer, 1 Prise Zucker und Limettensaft abschmecken. Mit der Petersilie bestreut servieren. Dazu passt Brot.

TIPP

Für zwei Personen einfach die Zutaten verdoppeln.

eisenreich | stoffwechselanregend

Spinat-Kichererbsen-Suppe

250 g junger Spinat (oder 80 g TK) | ½ Zwiebel | 1 Knoblauchzehe | 2 TL Olivenöl | 1–2 TL gemahlener Kreuzkümmel | 1 Dose Kichererbsen (400 g) | 150 ml Gemüsebrühe | Salz | Cayennepfeffer | 125 g Quark | Zitronensaft

Für 2 Portionen | 20 Min. Zubereitung
Pro Portion ca. 280 kcal, 15 g EW, 10 g F, 32 g KH

1 Spinat waschen, verlesen und putzen. Zwiebel und Knoblauch schälen, fein würfeln. Öl in einem großen Topf erhitzen, Zwiebel, Knoblauch und Kreuzkümmel darin kurz andünsten. Anschließend den Spinat nass dazugeben und bei mittlerer Hitze zusammenfallen lassen.

2 Kichererbsen samt Sud und Brühe dazugeben, mit Salz und Cayennepfeffer würzen. Quark hinzufügen und alles fein pürieren. Die Suppe erwärmen, mit Zitronensaft abschmecken. Mit je 1 Scheibe Vollkornbrot ist sie eine vollwertige Mahlzeit.

reich an Omega-3-Fettsäuren | milchbildend

Lachs-Fenchel-Pasta

Salz | 150 g Vollkorn-Fettucini
1 Bio-Orange
100 g Räucherlachs
400 g Fenchel (1–2 Knollen)
1 EL Rapsöl
Pfeffer
50 g Rucola
2–3 EL frisch gepresster Orangensaft

Für 2 Portionen | 30 Min. Zubereitung
Pro Portion ca. 525 kcal, 31 g EW, 18 g F, 60 g KH

1 Wasser in einem Topf zum Kochen bringen, salzen. Die Nudeln darin nach Packungsangabe bissfest kochen, dann abgießen.

2 Gleichzeitig die Orange heiß waschen, die Schale oberflächlich abreiben. Orange schälen, vierteln und in dünne Scheiben schneiden. Den Saft dabei auffangen. Lachs in Streifen schneiden. Den Fenchel waschen, Strunk herausschneiden und in Streifen hobeln. Das Fenchelgrün fein hacken.

3 Öl in einer großen beschichteten Pfanne erhitzen. Den Fenchel darin andünsten. Mit Salz, Pfeffer und Orangenschale würzen und zugedeckt bei mittlerer Hitze in 5–10 Min. bissfest garen.

4 Inzwischen den Rucola waschen, verlesen und in mundgerechte Stücke schneiden. Mit den Nudeln, Orangenstückchen, Fenchel, Fenchelgrün und Lachs im Nudeltopf mischen und heiß werden lassen. Mit Orangensaft abschmecken und servieren.

eiweißreich | magenmild

Puten-Gemüse aus dem Wok

200 g TK-Erbsen
2 Möhren
100 g Sojasprossen
250 g Putenbrustfilet
Salz | Pfeffer
1–2 EL Rapsöl
3–4 Kaffirlimettenblätter (Asialaden)
150 g asiatische Mie-Nudeln
1 Stücke frischer Ingwer (ca. 2 cm)
1–2 EL Sojasauce

Für 2 Portionen | 20 Min. Zubereitung
Pro Portion ca. 630 kcal, 47 g EW, 14 g F, 76 g KH

1 Die Erbsen auftauen lassen. Die Möhren waschen, putzen und in dünne Scheiben hobeln. Die Sprossen waschen. Die Putenbrust in Streifen schneiden, salzen und pfeffern.

2 Das Öl im Wok erhitzen. Das Fleisch darin bei starker Hitze 3 Min. anbraten, herausnehmen und zugedeckt beiseitestellen. Die Möhren mit den Kaffirblättern in den Wok geben und unter Rühren in ca. 8 Min. bissfest braten. Falls nötig, etwas Wasser dazugeben. Die Nudeln separat mit kochendem Salzwasser übergießen und 2 Min. ziehen lassen, dann abgießen.

3 Erbsen und Sprossen zu den Möhren in den Wok geben. Den Ingwer schälen, durch die Knoblauchpresse in den Wok drücken und kurz weiterbraten. Zum Schluss Nudeln und Fleisch dazugeben, erhitzen und mit Sojasauce abschmecken.

oben: Lachs-Fenchel-Pasta | unten: Puten-Gemüse aus dem Wok

vegetarisch

Tomaten-Reis mit Mozzarella

Der Reis enthält hochwertiges Eiweiß und macht mit seinen Ballaststoffen lange satt. Das Lycopin der Tomaten schützt Herz und Kreislauf.

5 getrocknete Tomaten
1 EL Olivenöl
150 g Vollkorn-Basmatireis
ca. 300 ml Tomatensaft
Salz
1 Bund Basilikum
150 g Mozzarella
50 g Walnusskerne

Für 2 Portionen | 20–30 Min. Zubereitung
Pro Portion ca. 690 kcal, 25 g EW, 35 g F, 65 g KH

1 Die Tomaten klein hacken. Das Olivenöl in einem breiten Topf erhitzen, den Reis darin andünsten. Den Tomatensaft angießen, die Tomatenstückchen dazugeben, alles salzen und aufkochen lassen. Zugedeckt bei mittlerer Hitze 15–25 Min. (nach Packungsangabe) quellen lassen. Falls nötig, nochmals Tomatensaft nachgießen.

2 Inzwischen die Basilikumblätter waschen und in Streifen schneiden. Den Mozzarella würfeln. Die Walnüsse hacken und in einer Pfanne ohne Fett bei mittlerer Hitze unter Wenden anrösten.

3 Den fertigen Reis mit Nüssen, Mozzarella und Basilikum mischen und servieren.

VARIANTE – MIT HACKFLEISCH

Nüsse weglassen. 150 g Rinderhackfleisch anbraten und würzen, den rohen Reis und den Tomatensaft und -stücke dazugeben und wie oben fertigstellen.

VARIANTE – APRIKOSEN-BULGUR

80 g getrocknete Aprikosen in Stücke schneiden. 300 g Champignons putzen, größere halbieren oder vierteln. 200 g Blattspinat waschen, verlesen, putzen und grob zerkleinern. 140 g Bulgur in einem Topf kurz erhitzen, die Aprikosen dazugeben. 300 ml Brühe angießen, aufkochen und den Bulgur zugedeckt bei schwacher Hitze 10–15 Min. quellen lassen. Die Champignons in einer Pfanne mit 2 EL Öl anbraten, salzen und pfeffern. Wenn sie beginnen zu bräunen, den Spinat dazugeben und bei schwacher Hitze zusammenfallen lassen. 100 g Feta zerbröseln und hinzufügen. Aprikosen-Bulgur mit Fetagemüse essen.

VARIANTE – MANGO-RISOTTO

150 g Milchreis in einer großen Schüssel mit ½ l Milch, 4 EL gehackten Mandeln, 2–3 EL Agavendicksaft, 1 Prise Salz und ½ TL Anissamen mischen. Abgedeckt in der Mikrowelle bei 600 Watt in ca. 3 Min. zum Kochen bringen. Alles gut durchrühren und zugedeckt nochmals bei 180 Watt 15 Min. in die Mikrowelle stellen, ab und zu umrühren. Nach 8 Min. die Abdeckung entfernen. 100 g Mango in mundgerechte Würfel schneiden und unter den Milchreis mischen.
Natürlich können Sie den Milchreis auch ganz klassisch bei schwacher Hitze 30 Min. auf dem Herd köcheln lassen. Vorsicht, Milchreis brennt sehr schnell an und muss deshalb ständig gerührt werden. Schmeckt auch mit Apfelmus oder Beeren-Kompott.

knochengesund

Lachs mit Senf-Dill-Gurken

400 g Kartoffeln | Salz
1 Salatgurke | 1 Bund Dill
250 g Lachsfilet | Pfeffer
1 EL Rapsöl
2 EL Schmant | 1 EL Senf

Für 2 Portionen | 35 Min. Zubereitung
Pro Portion ca. 480 kcal, 32 g EW, 10 g F, 47 g KH

1 Die Kartoffeln waschen, schälen und in wenig Salzwasser zugedeckt in ca. 20 Min. gar kochen.

2 Inzwischen die Gurke waschen und längs halbieren. Die Kerne herauskratzen und die Gurkenhälften in fingerdicke Scheiben schneiden. Dill waschen und fein hacken. Den Lachs würfeln und mit Salz und Pfeffer würzen.

3 Öl in einer Pfanne erhitzen, die Gurken darin andünsten. Schmant, Senf, Dill und 50 ml Wasser dazugeben, würzen und zugedeckt bei mittlerer Hitze 10 Min. dünsten. Lachs dazugeben und 5 Min. ziehen lassen – er soll nicht mehr kochen. Mit den Kartoffeln anrichten.

AUCH DAZU: KARTOFFELBREI

Die Kartoffeln mit 100 ml heißer Milch zerstampfen und mit Salz und Pfeffer würzen.

INFO

Lachs liefert wertvolle Omega-3-Fettsäuren für die Gehirnentwicklung, außerdem Vitamin D, das für eine ausreichende Kalziumaufnahme notwendig ist. Senf enthält ätherische Öle, die den Appetit anregen und die Verdauung fördern.

eisenreich | eiweißreich

Hähnchenbrust in Kokosspinat

400 g Kartoffeln | Salz
500 g Blattspinat (oder 250 g TK-Spinat)
250 g Hähnchenbrustfilet
2 TL Kurkumapulver
2 EL Rapsöl
Pfeffer
150 ml Kokosmilch

Für 2 Portionen | 30 Min. Zubereitung
Pro Portion ca. 345 kcal, 35 g EW, 12 g F, 25 g KH

1 Die Kartoffeln waschen und mit Schale in wenig kochendem Salzwasser zugedeckt in 20–25 Min. (je nach Größe) gar kochen.

2 Inzwischen den frischen Spinat gründlich waschen und verlesen bzw. TK-Spinat auftauen. Das Hähnchenbrustfilet quer zur Faser in 2–3 cm lange Streifen schneiden, salzen und in Kurkuma wenden, bis das Fleisch rundherum bedeckt ist.

3 Das Öl in einer Pfanne erhitzen und das Fleisch darin bei starker Hitze 2 Min. braten. Herausnehmen und zugedeckt beiseitelegen. Den nassen Spinat in die Pfanne geben, salzen, pfeffern und zugedeckt bei schwacher Hitze zusammenfallen lassen. Kokosmilch und das Fleisch dazugeben, kurz erhitzen. Die Kartoffeln pellen und im Spinat anrichten.

VARIANTE

Schmeckt auch mit Fischfilet, z.B. vom Rotbarsch oder Pangasius. Dann ebenfalls 250 g nehmen, in Streifen schneiden und wie das Fleisch zubereiten.

oben: Lachs mit Senf-Dill-Gurken | unten: Hähnchenbrust in Kokosspinat

reich an Beta-Karotin und Eiweiß

Ofenkürbis mit Hähnchen

400 g neue Kartoffeln
400 g Hokkaido-Kürbis
2 Hähnchenschenkel (à ca. 200 g)
Salz | Pfeffer
mildes Paprikapulver
1 EL Rapsöl
1–2 Zweige Rosmarin

Für 2 Portionen
20 Min. Zubereitung | 35 Min. Garen
Pro Portion ca. 410 kcal, 46 g EW, 12 g F, 31 g KH

1 Den Backofen auf 200° vorheizen. Ein Backblech mit Backpapier auslegen. Kartoffeln und Kürbis gründlich waschen. Kartoffeln vierteln. Kürbis halbieren, entkernen und in ca. 3 cm dicke Spalten schneiden. Die Hähnchenschenkel kalt abspülen, trocken tupfen und im Gelenk teilen. Mit Salz, Pfeffer und Paprika einreiben.

2 Die Kürbisspalten auf dem Blech verteilen. Die Kartoffeln aufs Blech legen, beides mit dem Öl beträufeln und salzen. Die Hähnchenstücke dazwischen verteilen. Rosmarinnadeln abzupfen und darüberstreuen.

3 Das Blech in den Ofen schieben (Mitte, Umluft 180°) und alles ca. 35 Min. backen – nach 20 Min. Gemüse und Fleisch wenden.

INFO

Kürbis und Kartoffeln sind leicht verdaulich und reich an Kalium, das wichtige Grundlage für die Funktionsfähigkeit von Muskeln und Nerven ist.

gut vorzubereiten

Gemüsegratin

1 TL Bockshornkleesamen
1 TL Kreuzkümmelsamen
500 g Möhren
500 g Kartoffeln
1 Stange Lauch
2 Eier | 1/4 l Milch
Salz | Pfeffer
150 g geriebener Gruyèrekäse
Butter für die Form

Für 1 Quicheform (24 cm ∅; 4 Portionen)
25 Min. Zubereitung | 50 Min. Backen
Pro Portion ca. 355 kcal, 20 g EW, 20 g F, 21 g KH

1 Den Backofen auf 200° vorheizen. Die Form fetten. Die Gewürzsamen in einer trockenen Pfanne leicht rösten, beiseitestellen. Möhren und Kartoffeln waschen, schälen und in 1/2 cm dicke Scheiben hobeln, am besten mit der Küchenmaschine. Lauch waschen, Wurzeln und welke Blattenden abschneiden. Die Stange längs aufschlitzen, waschen und in Ringe schneiden. Gemüse in die Form schichten.

2 Die Eier mit Milch, den gerösteten Samen, Salz, Pfeffer und Käse verquirlen und auf dem Gemüse verteilen. Das Gratin im Ofen (unten, Umluft 180°) ca. 40 Min. backen. Gegen Ende der Backzeit mit Alufolie abdecken.

INFO

Kreuzkümmel und Bockshornkleesamen wirken milchbildend. Möhren und Kartoffeln sind leicht verdaulich.

oben: Ofenkürbis mit Hähnchen | unten: Gemüsegratin

raffiniert

Heidelbeerschmarrn

Der Schmarrn ist eine gesunde Süßspeise zum Sattessen. In den Haferflocken steckt wichtiges Eisen, in den Beeren Vitamin C für das Immunsystem.

200 g Heidelbeeren (frisch oder TK)
2 Eier (S) | Salz
80 g Mehl
2 EL Zucker
150 g Joghurt
80 g Haferflocken
2 EL Öl
Puderzucker zum Bestreuen

Für 2 Portionen | 25 Min. Zubereitung
Pro Portion ca. 606 kcal, 20 g EW, 23 g F, 80 g KH

1 Die Beeren waschen und verlesen bzw. auftauen. Die Eier trennen. Eiweiße mit 1 Prise Salz steif schlagen. Eigelbe mit Mehl, Zucker, 150 ml Wasser und Joghurt cremig rühren, Haferflocken dazugeben. Erst den Eischnee, dann die Beeren unterziehen.

2 Das Öl in einer großen beschichteten Pfanne erhitzen. Den Teig in die Pfanne gießen, zudecken und bei mittlerer Hitze ca. 5 Min. braten, bis der Teig an der Oberfläche gestockt ist. Pfannkuchen auf einen Teller gleiten lassen (Bild 1) und umgedreht wieder in die Pfanne geben. Gut anbacken lassen, dann mit zwei Gabeln zerreißen (Bild 2). Rundherum goldbraun fertig braten. Mit etwas Puderzucker bestäubt servieren.

TIPPS

Wichtig für das Gelingen des Schmarrns sind eine beschichtete Pfanne und das sofortige Zudecken, damit die Masse stocken kann.

VARIANTE – BROTSCHMARRN

80 g altbackenes Weizen- oder Mischbrot in Scheiben schneiden und grob zerkleinern. 4 Eier trennen. Eigelbe mit 2 EL Zucker, 250 g Magerquark und 200 ml Milch verrühren und in einer Schüssel über das Brot gießen. 4 Pfirsiche waschen, halbieren, entsteinen und vierteln. Eiweiße steif schlagen und unter den Brotteig mischen. 2–3 EL Öl in einer großen Pfanne erhitzen, Pfirsiche darin verteilen, den Teig darübergeben. Zugedeckt bei mittlerer Hitze 3–4 Min. goldgelb backen. Kuchen mithilfe eines Tellers wenden, etwas anbacken lassen, dann mit einer Gabel zerreißen. Mit Puderzucker bestreut servieren.
Statt Brot können Sie auch Vollkornzwieback verwenden, statt Pfirsich Zwetschgen.

VARIANTE – GEMÜSESCHMARRN

1 Bund Frühlingszwiebeln putzen und in feine Ringe schneiden. 500 g Kirschtomaten waschen und halbieren. Die Zwiebeln in 2 EL Öl andünsten, Tomaten und 4 EL gehackte Mandeln kurz mitdünsten, salzen und pfeffern. 4 Eier, 150 g Mehl und 300 ml Milch verrühren, salzen und pfeffern. Teig in der Pfanne über den Zwiebel-Tomaten-Mix verteilen. Bei schwacher Hitze zugedeckt backen, bis die Oberfläche stockt. Kuchen mithilfe eines Tellers wenden, in 2–3 Min. fertig backen, dann mit zwei Gabeln zerreißen.

1

2

3

Kalte Mahlzeiten

Milde Salate, Super-Sandwiches, Toasts, Dips und gesunde Desserts sind im Nu gemacht und bauen auf. Das schützt vor Heißhunger und dem Griff zu Süßigkeiten oder fett belegten Broten. Vorteil: Sie lassen sich prima vorbereiten, wenn Ihr Baby schläft und stehen bereit, wenn Sie Hunger bekommen.

für den Vorrat

Universaldressing

600 g Joghurt
100 ml Rapsöl
2 TL milder Senf
3 EL Ketchup
Salz | Pfeffer
1 Bund Dill oder Basilikum

Für ca. 7 Portionen | 15 Min. Zubereitung
Pro Portion ca. 185 kcal, 3 g EW, 17 g F, 5 g KH

1 Joghurt mit Öl, Senf und Ketchup gut verrühren – am besten mit einem Schneebesen. Mit Salz und Pfeffer abschmecken.

2 Dill oder Basilikum waschen, trocken schütteln und die Spitzen bzw. Blätter fein schneiden. Zum Joghurtdressing geben. In ein sauberes Schraubglas füllen und gut verschlossen im Kühlschrank lagern. So hält es sich 1 Woche.

SALAT-TIPPS

Das Dressing passt zu allen Blattsalaten oder auch als Dip zu Rohkost z.B. Möhren, Paprika, Stangensellerie. Blattsalat ist besser als sein Ruf. Zwar enthält er viel Wasser, dafür aber auch jede Menge des Vitamins Folsäure und Eisen für die Blutbildung. Opiumähnliche Substanzen beruhigen strapazierte Nerven, Kalium unterstützt den Entwässerungsvorgang.
Im Winter sollte man Feldsalat, Endivie, Radicchio oder Chicorée bevorzugen. Sie kommen in dieser Jahreszeit nicht aus dem Treibhaus wie Kopf-, Eisberg- und Eichblattsalat.

INFO

Der Joghurt gibt eine gesunde Portion Kalzium. Dill und Basilikum wirken positiv auf die Milchbildung. Die ätherischen Öle im Senf unterstützen die Verdauung.

reich an Vitamin C | für die Mikrowelle

Paprika-Mais-Salat

2 gelbe Paprikaschoten | 1 Zweig Rosmarin | 2 Eier | 50 g in Öl eingelegte getrocknete Tomaten | Salz | Pfeffer | 2 TL Aceto balsamico | 200 g Mais (aus der Dose) | 1 Dampfgarbeutel

Für 2 Portionen | 20 Min. Zubereitung
Pro Portion ca. 230 kcal, 11 g EW, 11 g F, 15 g KH

1 Paprika waschen, putzen und in schmale Streifen schneiden. Mit dem Rosmarin in den Garbeutel geben, nach Angabe verschließen. In der Mikrowelle bei 800 Watt 10 Min. garen.

2 Die Eier je nach Größe in kochendem Wasser in 6–7 Min. kernweich kochen. Inzwischen die Tomaten grob zerkleinern. Mit etwas Öl zu den warmen Paprikaspalten geben, mit Salz, Pfeffer und Essig mischen. Dann den Mais (ohne Sud) unterziehen. Die Eier pellen und in Viertel schneiden. Auf dem lauwarmen Salat anrichten.

ballaststoffreich

Selleriesalat

1 kleine Sellerieknolle (ca. 300 g) | 2 Möhren (ca. 200 g) | 2 mürbe Äpfel (ca. 320 g) | 70 g Walnusskerne | 500 g Joghurt | 1 EL Rapsöl | 2 TL Currypulver | 2–3 EL Orangensaft | 1 TL Honig | 50 g Rosinen | Salz | Pfeffer

Für 2 Portionen | 25 Min. Zubereitung
Pro Portion ca. 650 kcal, 18 g EW, 38 g F, 60 g KH

1 Sellerie und Möhren waschen und schälen. Die Äpfel waschen, vierteln und entkernen. Alles im Blitzhacker zerkleinern oder mit der Küchenreibe grob raspeln. Walnüsse nach Wunsch grob hacken.

2 Den Joghurt mit Öl, Currypulver, Orangensaft und Honig verrühren und mit Rosinen und den restlichen Zutaten vermengen. Salzen und pfeffern.

INFO

Die ätherischen Öle von Sellerie wirken beruhigend auf Verdauung und Nerven. Joghurt fördert die Verdauung.

reich an Jod und Zink

Brotsalat

1 Handvoll Basilikumblätter | 200 g Tomaten | 100 g altbackene Brotscheiben oder Brötchen | 1 Dose Artischockenherzen (240 g Abtropfgewicht) | 2 EL Olivenöl | Salz | Pfeffer | 1 Dose Thunfisch (naturell; ca. 150 g Abtropfgewicht)

Für 2 Portionen | 15 Min. Zubereitung
Pro Portion ca. 320 kcal, 24 g EW, 12 g F, 29 g KH

1 Basilikum und Tomaten waschen. Basilikumblätter in Streifen, Tomaten in Spalten schneiden, Stielansätze dabei entfernen. Brot in Würfel schneiden und in einer beschichteten Pfanne kurz rösten, vom Herd nehmen.

2 4–5 EL Sud von den Artischocken mit Olivenöl, Salz und Pfeffer mischen. Artischockenherzen in Viertel schneiden. Thunfisch abgießen und zerzupfen. Alle Zutaten mit dem Dressing mischen und kurz ziehen lassen. Nach Bedarf noch etwas vom Artischockensud dazugeben.

eiweißreich

Kartoffelsalat

500 g festkochende Kartoffeln | Salz | 1 Bund Dill | 1 Knoblauchzehe | 1 Salatgurke | 2 EL Schmant | 1 EL Olivenöl | Pfeffer | 10 grüne Oliven mit Mandeln | 10 schwarze Oliven

Für 2 Portionen | 40 Min. Zubereitung
Pro Portion ca. 135 kcal, 7 g EW, 16 g F, 37 g KH

1 Die Kartoffeln waschen und mit Schale in wenig kochendem Salzwasser in 20–25 Min. (je nach Größe) gar kochen. Abkühlen lassen, pellen und in Scheiben schneiden.

2 Den Dill waschen, trocken tupfen und fein hacken. Knoblauch schälen und fein hacken. Gurke waschen, grob raspeln und mit Knoblauch, Dill, Schmant, Olivenöl, Salz und Pfeffer mischen. Die Oliven grob hacken und mit dem Gurkenschmant unter die Kartoffeln heben.

gut verträglich | reich an Vitaminen

Chicoréesalat mit Putenstreifen

Das Putenfleisch gart in der Alufolie schonend nach und bleibt so schön saftig und zart. Chicorée regt die Verdauung und den Stoffwechsel an.

150 g dünne Putenschnitzel
Salz
1 TL Fenchelsamen
2 EL Rapsöl
2 EL Senf
Pfeffer
1 TL frisch gepresster Zitronensaft
1 Stück frischer Ingwer (ca. 1 cm)
¼ Ananas (ca. 300 g)
2 Stauden Chicorée (ca. 300 g)

Für 2 Portionen | 30 Min. Zubereitung
Pro Portion ca. 285 kcal, 22 g EW, 12 g F, 18 g KH

1 Die Putenschnitzel salzen. Die Fenchelsamen aufstreuen und andrücken. In einer Pfanne 1 EL Öl erhitzen, die Schnitzel darin von beiden Seiten bei starker Hitze je 2 Min. braten. Aus der Pfanne nehmen, in Alufolie wickeln und beiseitestellen.

2 Den Bratensatz mit 1 Schuss Wasser ablöschen, mit Senf, Salz, Pfeffer, Zitronensaft und 1 EL Öl zu einem Dressing rühren. Den Ingwer schälen und durch die Knoblauchpresse dazudrücken.

3 Die Ananas schälen, den Strunk entfernen und das Fruchtfleisch in kleine Stücke schneiden. Den Chicorée waschen, den Strunk mit einem spitzen Messer herausschneiden (er ist bitter) und die Stauden in 1 cm breite Stücke schneiden. Das Putenfleisch über dem Dressing abtropfen lassen und in Streifen schneiden.

4 Alle Zutaten mit dem Dressing mischen und abschmecken. Dazu passt Vollkornbrot.

VARIANTE – SAUERKRAUTSALAT MIT KASSLER

1 EL Rapsöl in einer Pfanne erhitzen. 2 Scheiben rohes Kassler darin von beiden Seiten bei schwacher Hitze je 2 Min. braten, dann in Alufolie wickeln. Den Bratensatz mit 1 Schuss Apfelsaft ablöschen, mit Salz, Pfeffer, 1 TL Zitronensaft, 1 TL Schwarzkümmelsamen und 1 EL Öl zum Dressing rühren. 300 g Ananas schälen, den Strunk entfernen und das Fruchtfleisch in kleine Stücke schneiden. 600 g mildes Sauerkraut etwas kleiner schneiden und mit der Ananas mischen. Das Kassler in Stücke schneiden und unter den Ananassalat mischen.

VARIANTE – BOHNENSALAT MIT LACHS

500 g gelbe Wachsbohnen waschen, von den Enden befreien und entfädeln. Mit 1 Rosmarinzweig und 150 ml Wasser in einen Topf geben, bei mittlerer Hitze zugedeckt 15 Min. dünsten. 300 g Lachsfilet mit Zitronensaft beträufeln, salzen und in 2 EL Öl in einer Pfanne von beiden Seiten je 2 Min. anbraten. In Alufolie wickeln. Die Bohnen abgießen, den Sud auffangen. Rosmarin entfernen. 3–4 getrocknete Tomaten klein würfeln und mit den Bohnen mischen. Bohnensud mit 2 EL Öl, 3 EL Zitronensaft, Salz, Pfeffer und 1 EL Senf zum Dressing verrühren und unter den Salat mischen. Salat mit dem Fisch essen.

reich an gesunden Fettsäuren

Knäckebrot mit Avocado

6 Kirschtomaten | 1 kleine reife Avocado | 1 TL frisch gepresster Zitronensaft | Salz | Pfeffer | 3 Scheiben Knäckebrot | 30 g frisch gehobelter Parmesan

Für 1 Portion | 10 Min. Zubereitung
Circa 770 kcal, 22 g EW, 62 g F, 31 g KH

1 Die Tomaten waschen und halbieren. Avocado halbieren, den Kern entfernen und das Fruchtfleisch aus der Schale lösen. In Stückchen schneiden, mit Zitronensaft beträufeln, salzen und pfeffern (oder mit einer Gabel grob zerdrücken).

2 Die Knäckebrote mit Avocado belegen, Tomaten darauflegen und Parmesan überstreuen.

INFO

Avocado sowie Tomate sind reich an Kalium und Magnesium. Diese Mineralstoffe sind wichtig für die Muskelfunktion des Körpers.

ballaststoffreich | zum Mitnehmen

Brot mit Räucherlachs

2 Stängel Dill | 1 EL Margarine | 2 Scheiben Roggenvollkornbrot (à ca. 60 g) | 1 Stück Salatgurke (2–3 cm) | 50 g Räucherlachs

Für 1 Portion | 5 Min. Zubereitung
Circa 475 kcal, 23 g EW, 19 g F, 53 g KH

1 Den Dill waschen und trocken tupfen. Die Blättchen abzupfen und hacken, mit der Margarine mischen und aufs Brot streichen.

2 Die Gurke waschen und in Scheiben schneiden. Zusammen mit dem Lachs hacken und auf 1 Brotscheibe verteilen. Die zweite Scheibe darauflegen.

INFO

Lachs und Margarine enthalten reichlich Omega-3-Fettsäuren. Dill wirkt milchbildend.

zum Mitnehmen

Pesto-Brot mit Schinken

3–4 Basilikumblätter | 2 Scheiben Grahambrot (à ca. 45 g) | 2 EL Pesto (aus dem Glas) | 50 g Lachsschinken

Für 1 Portion | 5 Min. Zubereitung
Circa 360 kcal, 20 g EW, 14 g F, 37 g KH

1 Die Basilikumblätter abzupfen, waschen und in Streifen schneiden.

2 Die Brotscheiben mit Pesto bestreichen und mit Lachsschinken belegen. Die Basilikumstreifen darüberstreuen.

TIPP

Statt Grahambrot können Sie auch Vollkornbrot oder Toastbrot verwenden.

INFO

Lachsschinken ist mager und enthält viele B-Vitamine, wichtig für Blutbildung, Nerven- und Immunsystem.

leicht scharf | zum Mitnehmen

Sandwich mit Matjestatar

80 g Radieschen | 2 frische Salatblätter | 80 g Matjesfilets | 1 EL Meerrettich (aus dem Glas) | 2 EL Sahne | 2 Scheiben Vollkornbrot (à ca. 45 g) | 1 EL Margarine

Für 1 Portion | 5 Min. Zubereitung
Circa 590 kcal, 23 g EW, 38 g F, 40 g KH

1 Radieschen und Salatblätter waschen. Radieschen putzen und halbieren und mit den Matjes im Blitzhacker zerkleinern. Meerrettich und Sahne untermischen (das Tatar soll cremig sein).

2 Die Brote toasten, mit Margarine bestreichen und die Salatblätter obenauf legen. Matjestatar obendrauf setzen.

INFO

Die Ballaststoffe im Brot machen nicht nur lange satt, sondern bringen auch die Verdauung in Schwung. Der Matjes enthält gesunde Fettsäuren.

gegen Sodbrennen | mild

Gefüllte Eier auf Möhrensalat

2 Eier
250 g zarte Möhren
1 Bio-Orange
2 EL Senf
Salz | Pfeffer
150 g Joghurt
1 EL Rapsöl

Für 2 Portionen | 20 Min. Zubereitung
Pro Portion ca. 245 kcal, 12 g EW, 15 g F, 15 g KH

1 Die Eier in kochendem Wasser in 10 Min. hart kochen. Inzwischen die Möhren waschen, schälen und fein raspeln. Die Orange heiß abwaschen, die Schale dünn abreiben. Dann die Orange schälen, vierteln und in dünne Stücke schneiden.

2 Gekochte Eier abschrecken, kurz abkühlen lassen, pellen und halbieren. Die Eigelbe auslösen, zerdrücken, mit 1 EL Senf, Salz sowie Pfeffer mischen und in die Hälften zurückfüllen.

3 Den Joghurt mit 1 EL Senf, der Orangenschale, dem Öl, Salz und Pfeffer cremig rühren, mit Möhrenraspeln und Orangenstücken mischen. Die Eier auf den Salat setzen. Dazu passt Vollkornbrot.

AUCH GUT – TSATSIKI

Zum Tsatsiki wird der Salat, wenn Sie ihn statt mit Möhren klassisch mit Gurke und Dill zubereiten.

ballaststoffreich

Knabberrohkost mit Quarkdip

4 Möhren
1 Salatgurke
1 Knolle Kohlrabi
3 Stangen Staudensellerie
1 Bund Basilikum
250 g Magerquark
2 EL Tahin (s. Tipp Seite 18)
Kreuzkümmel | Salz | Pfeffer

Für 2 Portionen | 20 Min. Zubereitung
Pro Portion ca. 285 kcal, 19 g EW, 13 g F, 22 g KH

1 Möhren, Gurke und Kohlrabi waschen und schälen. Staudensellerie waschen und putzen. Alles in fingerdicke Stifte bzw. Streifen schneiden und auf einer Platte anrichten.

2 Die Basilikumblätter abzupfen und waschen. Die Blättchen mit dem Quark und dem Tahin pürieren. Falls die Masse nicht cremig genug ist, noch etwas Wasser dazugeben.

3 Den Dip mit Kreuzkümmel, Salz und Pfeffer würzen und mit den Gemüsesticks servieren.

TIPP

Verwenden Sie frische Blättchen vom Kohlrabi für den Dip – sie enthalten viel mehr Nährstoffe als die Knolle selbst. Das Grün waschen, fein hacken und unter den Dip mischen.

oben: Gefüllte Eier auf Möhrensalat | unten: Knabberrohkost mit Quarkdip

kalziumreich | einfach

Nuss-Quark mit Melone

250 g Magerquark
100 g Joghurt
1 Päckchen Vanillezucker
1 EL Walnussöl (oder Rapsöl)
400 g Zuckermelone
2 EL gehackte Walnusskerne

Für 2 Portionen | 10 Min. Zubereitung
Pro Portion ca. 320 kcal, 21 g EW, 14 g F, 28 g KH

1 Den Quark und den Joghurt mit den Quirlen des elektrischen Handrührgerätes schaumig schlagen. Den Vanillezucker und das Öl untermischen.

2 Die Melone schälen, entkernen und in mundgerechte Stückchen schneiden. Unter den Quark heben. Den Quark auf zwei Schalen verteilen und mit den Walnüssen bestreuen.

VARIANTEN

Statt Melone schmecken auch Beeren, Aprikosen, Pfirsiche oder geraspelte Äpfel. Schokofans tauschen den Vanillezucker gegen 1–2 EL flüssigen Honig und mischen 1 TL Kakaopulver unter den Quark. Bei träger Verdauung Milch- statt Vanillezucker nehmen – er kurbelt sie wieder an.

INFO

Der Quark liefert reichlich sättigendes Eiweiß; Kalzium stärkt die Knochen. Melonen sind reich an Kalium für die Regulierung des Wasserhaushaltes. Ihr Beta-Karotin wird zur Produktion von Vitamin A für gesunde Haut, Haare und Augen benötigt.

kalorienarm

Joghurt-Schoko-Eis

250 g Joghurt
2 EL Honig
3 TL Kakaopulver
2 EL Schokoladenraspel
Trinkhalme

Für 300 ml Eis
15 Min. Zubereitung | 3 Std. Gefrierzeit
Pro 50 ml ca. 65 kcal, 2 g EW, 2 g F, 9 g KH

1 Den Joghurt mit dem Honig verrühren. Anschließend das Kakaopulver mit dem Schneebesen einrühren und die Schokoraspel unterheben.

2 Die Masse in Eiswürfelbereiter füllen und in das Gefriergerät stellen. Sobald die Masse zu gefrieren beginnt (nach ca. 1 Std. 30 Min.), die Halme in etwa 5 cm lange Stücke schneiden und als Stiele in die Mitte der Eiswürfel setzen. Nach mindestens 3 Std. ist das Eis fertig.

TIPP

Schmeckt auch ungefroren als Schoko-Creme.

VARIANTEN

Statt Joghurt schmeckt auch Quark. Diesen dann noch mit 75 ml Mineralwasser mischen.
Für ein fruchtig-frisches Eisvergnügen können Sie anstatt dem Kakaopulver auch 100 g Beeren oder Pfirsich pürieren und unterrühren.

INFO

Eis selbst zu machen lohnt sich: Sie können die Zuckermenge selbst dosieren, auf Zusatz- und Aromastoffe verzichten und viel Gesundes darin unterbringen.

oben: Nuss-Quark mit Melone | unten: Joghurt-Schoko-Eis

Hex Hex – Aus dem Vorrat

Mit Baby ist es schwierig, regelmäßig zu kochen. Folgende Lebensmittel sollten Sie für schnelle Gerichte immer zu Hause haben:
10 Eier – 1 l fettarme Milch –Kondensmilch – 250 g Magerquark – 100 g Putenschinken –Parmesan – Kartoffeln – Möhren – Äpfel – Tomaten – TK-Spinat – Rapsöl – Pesto (Glas) – Haferflocken – Vollkorn-Dinkelmehl – kleine Perlgraupen – Polenta – Mie-Nudeln – Mandeln – Thunfisch naturell

Spinat-Graupen-Risotto

120 g Graupen
300 g TK-Spinat
Salz | Pfeffer
200 g Magerquark
1 EL Rapsöl
3 EL frisch geriebener Parmesan

Für 2 Portionen | 30 Min. Zubereitung
Pro Portion ca. 370 kcal, 26 g EW, 9 g F, 47 g KH

1 Die Graupen in einem Topf mit 200 ml Wasser zum Kochen bringen und offen bei mittlerer Hitze 5 Min. garen. Den gefrorenen Spinat dazugeben und 15–20 Min. weitergaren, bis die Graupen gar sind. Mit Salz und Pfeffer würzen.

2 Dann Quark, Öl und Parmesan unterziehen. Das Risotto nochmal kurz erwärmen und abschmecken.

VARIANTEN

Probieren Sie das Risotto auch mal mit Kürbiskern- statt Rapsöl. Ohne Quark und Parmesan schmeckt das Graupenrisotto als Beilage zu Kurzgebratenem.

INFO – GRAUPEN

Graupen sind polierte Gerstenkörner. Es gibt sie in unterschiedlichen Größen. Graupen sind reich an Niacin, Folsäure, Zink und Eisen. Sie schmecken nicht nur im Risotto, sondern auch in Süßspeisen, Eintöpfen oder als Beilage.

einfach

Kartoffel-Möhren-Topf

2 TL Butter | 2 TL Mehl
200 g Kartoffeln
200 g Möhren
200 g Kohlrabi
400 ml Milch
2 Wiener Würstchen
Salz | Pfeffer | frisch geriebene Muskatnuss
100 g Rucola

Für 2 Portionen | 30 Min. Zubereitung
Pro Portion ca. 520 kcal, 20 g EW, 35 g F, 23 g KH

1 Butter und Mehl glatt verkneten und ins Tiefkühlfach legen. Kartoffeln, Möhren und Kohlrabi waschen, schälen und in 1 cm große Würfel schneiden. Das Gemüse in 200 ml Wasser bei mittlerer Hitze zugedeckt ca. 8 Min. kochen.

2 Die Milch dazugeben und erhitzen. Die kalte Mehlbutter stückchenweise unterrühren und alles nochmal aufkochen lassen. Die Würstchen klein schneiden und im Eintopf heiß werden lassen.

3 Den Eintopf mit Salz, Pfeffer und etwas Muskat abschmecken. Rucola waschen, trocken schütteln und klein schneiden. Vor dem Servieren auf den heißen Eintopf streuen.

INFO

Der Kartoffel-Möhren-Topf liefert viel Flüssigkeit sowie nährstoffreiches Gemüse und Kalzium aus der Milch – genau das, was Stillende brauchen.

eisenreich | eiweißreich

Kartoffel-Tuna-Plätzchen

250 g kleine mehligkochende Kartoffeln
Salz
100 g Rucola oder Spinat
1 Dose Thunfisch (naturell; ca. 150 g Abtropfgewicht)
3 EL Magerquark
3 EL zarte Haferflocken
2 EL Kapern
Pfeffer | frisch geriebene Muskatnuss
5 EL Rapsöl

Für 2 Portionen | 35 Min. Zubereitung
Pro Portion ca. 430 kcal, 25 g EW, 27 g F, 23 g KH

1 Die Kartoffeln waschen und schälen. In wenig Salzwasser zugedeckt in 15–20 Min. gar kochen, dann abgießen und ausdampfen lassen.

2 Inzwischen den Rucola oder Spinat waschen, verlesen, putzen und in Streifen schneiden. Den Thunfisch abgießen und zerzupfen. Dann die Kartoffeln mit dem Quark zerstampfen. Rucola, Thunfisch, 1 EL Haferflocken und die Kapern unter die Kartoffeln mischen, sodass eine formbare Masse entsteht. Mit Salz, Pfeffer und Muskat abschmecken.

3 Aus dem Teig sechs Puffer formen und in den restlichen Haferflocken wenden. In einer beschichteten Pfanne Öl erhitzen und die Puffer darin bei mittlerer Hitze von beiden Seiten knusprig ausbacken. Dazu passt grüner Salat.

GUT DAZU – QUARKDIP

4 EL Magerquark mit 1 Schuss Mineralwasser und 4 EL gehackten Kräutern (nach Belieben) anrühren.

oben: Kartoffel-Möhren-Topf | unten: Kartoffel-Tuna-Plätzchen

abwehrstärkend | gut vorzubereiten

Gefüllte Tomaten mit Polenta

250 g Mandeln
1 EL Rapsöl
80 g Polenta (Maisgrieß) | Salz
6 große Tomaten (ca. 500 g)
Pfeffer
2 EL Pesto (aus dem Glas)
2 EL frisch geriebener Parmesan

Für 2 Portionen | 40 Min. Zubereitung
Pro Portion ca. 1030 kcal, 32 g EW, 81 g F, 43 g KH

1 Die Mandeln im Blitzhacker grob zerkleinern (oder hacken). In einem Topf das Öl erhitzen und die Mandeln darin anrösten, bis sie duften. Polenta, Salz und ½ l Wasser zu den Mandeln geben. Die Polenta aufkochen und zugedeckt bei schwacher Hitze 10 Min. quellen lassen.

2 Inzwischen den Backofen auf 180° (Umluft 160°) vorheizen. Tomaten waschen, von jeder einen Deckel abschneiden. Tomaten aushöhlen, innen salzen und pfeffern. Polenta mit Tomatenfleisch und Pesto mischen, in die Tomaten füllen und Parmesan darüberstreuen.

3 Die Tomaten im Backofen (Mitte) ca. 20 Min. überbacken. Oder in der Mikrowelle zugedeckt bei 800 Watt 10 Min. garen. Sie schmecken auch kalt!

VARIANTEN

Statt Mandeln können Sie auch 150 g Rinderhackfleisch anbraten oder 100 g Feta unterziehen. Die Füllung passt auch in 4–6 spitze Paprikaschoten.

reich an Beta-Karotin | leicht verdaulich

Nudeln mit Möhrenmus

300 g Möhren
50 g Mandeln
1 EL Rapsöl | 1 TL Honig
Salz | Pfeffer
100 ml Kondensmilch
150 g asiatische Mie-Nudeln
80 g Putenschinken

Für 2 Portionen | 40 Min. Zubereitung
Pro Portion ca. 605 kcal, 26 g EW, 24 g F, 72 g KH

1 Die Möhren waschen, schälen, grob zerkleinern und mit den Mandeln im Blitzhacker zerkleinern (oder raspeln und die Mandeln hacken). In einem Topf das Öl erhitzen, Möhren und Mandeln darin andünsten, mit Honig, Salz und Pfeffer würzen. Kondensmilch angießen und alles zugedeckt bei schwacher Hitze ca. 15 Min. garen.

2 Inzwischen die Mie-Nudeln mit kochendem Wasser überbrühen, salzen und nach 2 Min. abgießen. Den Putenschinken in Streifen schneiden.

3 Das Gemüse pürieren. Den Schinken dazugeben. Das Mus mit etwas heißem Wasser zur gewünschten Konsistenz verdünnen und abschmecken. Die Nudeln mit dem Mus servieren.

INFO

Möhren sind leicht verdaulich und reich an Kalium, das wichtige Grundlage für die Funktionsfähigkeit von Muskeln und Nerven ist. Ungeschälte Mandeln liefern Ballaststoffe.

oben: Gefüllte Tomaten mit Polenta | unten: Nudeln mit Möhrenmus ballaststoffreich | eiweißreich

Quarknockerln in Apfelkompott

Die Nockerln sind eine gesunde Süßspeise zum Sattessen und ganz einfach zuzubereiten. Quark liefert viel Kalzium für Knochen und Zähne, Haferflocken sind eisenreich.

200 g Magerquark
1 Ei
80 g zarte Haferflocken
20 g gemahlene Mandeln
1 TL Honig
500 g süße Äpfel (z.B. Gala Royal)
2 EL getrocknete Cranberrys
1 Stück Zimtstange (ca. 2–3 cm)
50 g Mandeln

Für 2 Portionen | 40 Min. Zubereitung
Pro Portion ca. 620 kcal, 30 g EW, 26 g F, 66 g KH

1 Den Quark mit Ei, Haferflocken, gemahlenen Mandeln und Honig cremig rühren und kurz quellen lassen.

2 Inzwischen die Äpfel waschen, vierteln und die Kerngehäuse entfernen. Äpfel in kleine Stücke schneiden oder raspeln und mit ½ l Wasser, Cranberrys und Zimt in einem flachen, breiten Topf langsam zum Kochen bringen. Zugedeckt bei schwacher bis mittlerer Hitze ca. 10 Min. kochen – evtl. etwas Wasser dazugeben. Die Zimtstange herausnehmen.

3 Mit einem nassen Esslöffel von der Quarkmasse Nockerln abstechen (Bild 1) und in das Kompott legen. Offen bei schwacher Hitze in ca. 5 Min. gar ziehen lassen (Bild 2), währenddessen einmal wenden. Falls nötig, noch etwas Wasser dazugeben. Die ganzen Mandeln hacken und über die mit Kompott angerichteten Nockerln streuen.

TIPP

Gehaltvoller wird das Gericht, wenn Sie 25 g Semmelbrösel in 1–2 EL Butter rösten und vor dem Servieren über die Nockerln streuen.

AUCH DAZU: APRIKOSENKOMPOTT

Statt Apfelkompott 8 getrocknete Aprikosen mit 300 ml Apfelsaft und 200 ml Wasser einkochen. Zum Schluss die Nockerln mit Zimtzucker bestreuen. Im Winter können Sie auch Zwetschgen oder Quitten verwenden.

AUCH DAZU: ERDBEER-RHABARBER-KOMPOTT

250 g Erdbeeren und 250 g Rhabarber waschen. Die Beeren entkelchen und würfeln. Den Rhabarber putzen, aber nicht schälen und in 2 cm große Stücke schneiden. Rhabarber mit 25 ml Erdbeersirup in einem flachen großen Topf bei schwacher Hitze zum Kochen bringen und 10 Min. kochen (ab und zu umrühren), bis ein Kompott entsteht. Am Schluss die Erdbeeren unterheben.

VARIANTE – PIKANTE NOCKERLN MIT TOMATENSAUCE

Die Nockerln statt mit Mandeln mit gemahlenen Wal- oder Haselnüssen zubereiten. Alternativ schmeckt auch Pesto oder Parmesan. Für die Sauce in einem Topf 1 EL Mehl mit 1 EL Öl andünsten, 1 kleine Dose Tomaten (400 g) dazugeben und grob zerdrücken. Aufkochen lassen. Mit 1 Prise Salz und Zucker abschmecken. 2 EL Sahne unterrühren. Die Nockerln wie oben in der Sauce gar ziehen lassen.

1

2

3

Abstillen und Abspecken?

Babyspeck ist süß beim Baby – bei der Mutter weniger. Sorgen Sie jetzt dafür, dass die Pfunde sich nicht festsetzen – auf gesunde Weise. In der Schwangerschaft werden Reserven für die Stillzeit angelegt. Sie verschwinden leider nicht automatisch, im Gegenteil: Oft lässt der Babystress die Pfunde wachsen, weil die Zeit für feste Mahlzeiten fehlt und man mehr snackt. Und wenn man nicht zum Einkaufen kommt, sind das oft Süßigkeiten, Gebäck oder Fast Food. Der gestörte Schlaf ist ein weiterer Faktor. So können Schwangerschaft und Babymonate der Beginn von lebenslangem Übergewicht sein. Was nicht heißt, dass Sie gleich nach der Entbindung wieder in die Klamotten »davor« passen: Sie haben die Reserven in neun Monaten angelegt – so viel Zeit haben Sie auch, sie loszuwerden. Von alleine geht das oft nicht – v. a., wenn Sie mehr als 11–13 Kilo zugenommen haben. Reden Sie sich nicht ein, dass Sie eine Schwangerschaft zur Matrone macht – das ist eine Entschuldigung für falsches Essverhalten und raubt Ihnen die Motivation, wieder ein gesundes Gewicht zu erreichen. Sie sind ja nicht nur Mutter – sondern auch eine Frau mit Wünschen und Vorstellungen.

Keine strenge Diät Während der Stillzeit fällt es leichter, die Polster loszuwerden: Der Energiebedarf ist wegen der Milchproduktion erhöht. Außerdem ist Ihr Körper darauf eingestellt, jetzt die Pfunde abzugeben, denn er hat sich noch nicht auf ein höheres Gewicht eingependelt. Doch Vorsicht: Strenge Diäten können die Milchmenge zurückgehen lassen. Es gibt einen weiteren wichtigen Einwand gegen das Abspecken während des Stillens: Im Fettgewebe reichern sich nämlich fettlösliche Umweltgifte an. Beim Abspecken geraten sie über den Blutkreislauf in die Muttermilch. Doch nach einem Höhepunkt in den 70er-Jahren ging die Belastung durch strengere Bestimmungen kontinuierlich um 70–90 % zurück. Deshalb ist eine moderate Abnahme heute akzeptabel. Eine richtige Diät sollten Sie aber trotzdem erst starten, wenn Sie Ihrem Kind Beikost füttern.

Schonend abnehmen Sobald die Milchmenge sinkt, geht natürlich auch der Kalorienbedarf zurück. Sie müssen sich wieder an kleinere Portionen gewöhnen. Diese Umstellungsphase eignet sich für schonendes Abspecken. Wichtig ist jetzt mageres Eiweiß in Form von Fisch, Geflügel und fettarmen Milchprodukten: Es regt den Stoffwechsel an und wird nur zu 80 % genutzt. Gestrichen sind Süßigkeiten, v. a. süße Getränke. Stattdessen reichlich Obst, Gemüse, Vollkorn. Fett in Maßen ist okay, vor allem mehrfach ungesättigte Fettsäuren aus Öl, guter Margarine, Nüssen und Kernen sowie Seefisch. Also nicht nur Low Fat essen!

Gewusst wie Auf den nächsten Seiten (s. Seite 56–59) finden Sie die Basics, um Mahlzeiten zum schonenden Abnehmen zusammenzustellen: Fügen Sie dafür je eine Komponente aus den einzelnen Lebensmittelgruppen zu einem Gericht zusammen. Wer stillt, bekommt einen Zuschlag bei den Eiweißträgern oder darf ein Extra mehr essen (s. Seite 59). Die Mengen sind immer für eine Portion berechnet! Isst Ihr Partner mit, die Mengen verdoppeln.

So verlieren Sie die Pfunde

Abnehmen mit drei Mahlzeiten

Es erleichtert Ihr Leben mit dem Baby, wenn Sie sich an regelmäßige Mahlzeiten halten, auch wenn das zunächst schwerfällt. Sobald Ihr Kind mitisst, werden Sie das ohnehin tun. Drei volle Mahlzeiten am Tag sind ausreichend für Sie – und Bedingung für erfolgreiches Abnehmen. Essen Sie nicht auf Vorrat, aber essen Sie sich satt! So umgehen Sie unkontrollierte Hungerattacken und snacken nicht zwischendurch. Wenn Sie abends zwei Stunden vor dem Zubettgehen essen, entsteht kein Hungerloch, und Sie schlafen satt ein.

Kochen für zwei

Wenn Sie Gemüsebrei fürs Baby kochen, bereiten Sie gleich eine Riesenportion Gemüse für sich mit zu. Ideal ist dafür ein Dampfgarer mit Zeitschaltuhr. Für sich selbst braten Sie dazu noch ein Fischfilet oder Putensteak aus der Tiefkühltruhe: Das ergibt die perfekte Mittagsmahlzeit! Aus dem Gemüse lassen sich auch mit etwas Öl, Essig und Senf sättigende Salate fürs Abendbrot machen. Füttern Sie erst Ihr Kind und genießen Sie dann in Ruhe Ihr Essen: Wer eilig schlingt, merkt zu spät, wann er satt ist. Erst 20 Minuten nach der Nahrungsaufnahme setzt das Sättigungsgefühl ein.

So geht's leichter

Reste-Essen als Kalorienfalle Reste vom Babyteller nicht aufessen, sondern besser in anderen Gerichten unterbringen oder wegwerfen.

Regelmäßige Bewegung Täglich zehn Minuten Gymnastik sind effektiver als einmal die Woche Power-Sport. Integrieren Sie Ihr Bewegungspensum, z.B. strammes Spazierengehen, in den Alltag.

Stress vermeiden Es hilft, Ihr Baby an einen Rhythmus zu gewöhnen und dabei Ruhezeiten für sich einzuplanen, auch wenn dadurch manches liegen bleibt. Sie sind wichtiger als der Haushalt! Wenn das Kind schläft, gönnen auch Sie sich Auszeit zum Entspannen.

So wird's gemacht Auf den folgenden Seiten finden Sie die Bausteine für die Abstill-Diät. Aus jeder Gruppe dürfen Sie pro Mahlzeit einen wählen.

Frühstück

Laut Studien hilft regelmäßiges Frühstücken das Gewicht zu halten. Es soll leere Kohlenhydratspeicher auffüllen. Sie können bei dieser Mahlzeit Pluspunkte für Ihre Nährstoffversorgung sammeln, bevor das tägliche Chaos beginnt: Getreide- und Milcheiweiß ergänzen sich ideal. Obst und Nüsse liefern Mineralstoffe und Vitamine. Je nach Vorliebe können Sie Müsli oder Brot essen. Wer noch viel stillt, darf die Getreide- und Nussportion verdoppeln.

OBST

2 Handvoll klein geschnittene Früchte
oder 200 ml Fruchtgetränk
oder 2 EL Frucht-Aufstrich

Obst hat viele Vitamine und Mineralstoffe, aber wenige Kalorien. Wechseln Sie ab, jede Sorte hat andere Vorzüge. Bioaktiv- und Ballaststoffe aus der Schale wirken antioxidativ, verdauungsfördernd, cholesterin- und blutdrucksenkend – darum die Schale möglichst mitessen.

EIWEISSTRÄGER

150 g Joghurt, 150 ml Milch (1,5 %)
oder 150 g Magerquark
oder 1 Scheibe Putenschinken, Roastbeef, Räucherlachs oder Schnittkäse
oder 1 Ei

Das viele Eiweiß macht gut satt. Milchprodukte liefern Kalzium. Um die Funktion des Eiweißes als »Fatburner« zu erhalten, fettarme Produkte wählen. Wer kein Müsli mag, isst Brot mit Quark oder anderem Belag.

VOLLKORNGETREIDE UND NÜSSE

3 EL Getreideflocken natur
oder 2 Scheiben Knäckebrot
oder 1 Scheibe Vollkornbrot
plus 2 EL Nüsse oder Kerne
oder 2 TL Margarine

Vollkorn enthält Ballast- und Vitalstoffe. So steigt der Blutzuckerspiegel nur langsam an – die Fettverbrennung wird erhöht. Weißmehl und Zucker dagegen fluten ins Blut und erhöhen den Insulinspiegel. Hungergefühl und Zuckerumbau in Fettdepots sind die Folgen.
Nüsse sind reich an Eiweiß und Ballaststoffen sowie Eisen, Zink, Kalzium und Vitamin B.
Aber: Sie haben auch viele Kalorien, genießen Sie sie deshalb nur in Maßen.

Mittagessen

Eine Mahlzeit mit großem Gemüseanteil hat eine hohe Nährstoffdichte. Das heißt, sie liefert wenig Kalorien, aber viele Vitamine und Mineralstoffe. Die Ballaststoffe in der Gemüse- und Vollkornschale sowie das Eiweiß der Beilage sättigen gut und machen fit für die zweite Tageshälfte. Zweigen Sie Gemüse für Ihr Kind einfach ab! Sie können das Mittagessen als Risotto zubereiten, im Wok kurz braten oder einen Salat daraus zaubern. Der wird nicht kalt, bis Sie Ihr Baby gefüttert haben!

GEMÜSE

2–3 Handvoll Gemüse (200–300 g)

Sie können das Gemüse roh raspeln, aber auch dämpfen, dünsten, grillen oder im Wok braten. Oder einen Teil roh als Vorspeise knabbern und den Rest garen. Auf keinen Fall frittieren oder mit sahnigen Saucen zubereiten!

SÄTTIGENDE BEILAGE

1 Tasse gegarter Reis, Nudeln, Zartweizen oder Hülsenfrüchte
oder 200 g Kartoffeln
oder 1 Scheibe Vollkornbrot

Vollkorn macht satt, und die B-Vitamine sorgen für gute Nerven. Außerdem liefert es Eiweiß mit hoher biologischer Wertigkeit, das wiederum die Fettverbrennung anregt.

EIWEISSTRÄGER

150 Fleisch (Geflügelbrust, Kassler, Filet oder Tartar)
oder 150 g Fisch oder 100 g Thunfisch naturell
oder 100 g fettarmer Mozzarella oder Feta
oder 2 kleine Eier

Eiweiß verhindert den Muskelabbau während des Abnehmens – es geht den Fettzellen an den Kragen! Damit der »Fatburner«-Effekt nicht gestört wird, fettarme Produkte verwenden.

FETT

1 EL Öl
Das sollte fürs Salatdressing oder zum Braten reichen.

Am besten verwenden Sie Rapsöl, das über ein günstiges Fettsäuremuster verfügt. Es verträgt die Hitze beim Anbraten und wird zur Basis beim Dressing. Sie mögen es cremig? Statt Öl 2 EL Schmant nehmen.

Abendessen

Abends stellt der Körper auf Sparflamme um. Deshalb sollte eiweißreich gegessen werden, denn nur 80 Prozent des Eiweißes werden in Kalorien umgewandelt. Eiweißmahlzeiten sättigen und beugen so abendlichem Süßhunger vor. Kohlenhydrate dagegen werden nicht verbraucht, zu Fett umgewandelt und abgelagert. Legen Sie Ihre warme Mahlzeit also in die Abendstunden, wenn Baby schläft. Vielleicht kocht ja auch Ihr Partner! Stillende und Männer bekommen die große Portion!

EIWEISSTRÄGER

150–250 g Steak oder Geflügelbrust
oder 150–250 g Fischfilet
oder 150–250 g Tofu oder Magerquark
oder 150–250 g Tatar (mageres Rinderhack)

Fettarme Eiweißlieferanten bevorzugen. Paniertes, Frittiertes oder Wurst sind tabu. In beschichteter Pfanne das gewürzte Fleisch in Öl kurz garen. In Alufolie wickeln, die hält zart und saftig. Fond mit etwas Wasser zu Sauce kochen oder als Basis fürs Dressing verwenden.

GEMÜSE

2 Handvoll Gemüse (200–300 g)

Roh essen, fettfrei dünsten oder im Wok braten. Gemüse verfügt über Kohlenhydrate, die, kombiniert mit Ballaststoffen, den Magen füllen, aber nicht schnell in Fettzellen wandern. Wenn möglich, Schale und Außenblätter mit den wertvollen Ballaststoffen mitessen. Übrigens: Blattsalate beruhigen und helfen beim Einschlafen. Gemixt mit rohen Tomaten, gegarten Erbsen, Bohnen, Möhrchen, Blumenkohl oder gegrilltem Mittelmeergemüse eine tolle Beilage.

ÖL

1 EL Rapsöl zum Braten oder fürs Dressing

Rapsöl verfügt über ein günstiges Fettsäuremuster und verträgt die Hitze beim Anbraten. Für ein Dressing das Bratöl mit Wasser ablöschen und mit Essig, Senf und weiteren Gewürzen verrühren.

Für Zwischendurch

Wer noch stillt, darf bei Bedarf zwei »Extras« zusätzlich essen – dann sollten Sie aber nicht die Portionen insgesamt erhöhen. Ob Sie die Zulagen reduzieren sollten, zeigt die Waage! Am besten bauen Sie sie aber in die drei Hauptmahlzeiten ein. Denn es ist besser, sich dreimal richtig satt zu essen, als ständig zu snacken! Aber Sie dürfen auch zwischendurch Lebensmittel aus der Liste knabbern oder trinken, wenn Sie das Bedürfnis haben. Kohlenhydratreiches wie Obst, Honig, Brot oder Saft lieber in der ersten Tageshälfte, Eiweißreiches wie Milch und Milchprodukte und Nüsse eher in der zweiten Tageshälfte essen.

Erlaubt sind jeweils

1 Banane, Apfel oder Birne
150 g Ananas, Mango, Kirschen oder Honigmelone
300 g Wassermelone
250 g Beeren
5 Aprikosen (100 g)
2 Pfirsiche oder Nektarinen
150 g Joghurt (1,5 % Fett)
1 Handvoll Gemüse
1 Scheibe Vollkornbrot
1 Vollkornzwieback mit 1 El Honig oder Konfitüre
1 Laugenbrezel
1 Tasse Brühe
1 gehäufter EL Nüsse oder 10 Mandeln
1 Glas Fruchtsaft (200 ml)
1 Latte macchiato oder Cappuccino
30 g Schnittkäse (maximal 45 % F. i.Tr)
1 Ei

Trinken

Trinken Sie am besten 2–3 l am Tag. Wasser oder ungesüßter Tee sind ideal. Salbei- und Pfefferminztee hemmen die Milchbildung – das kann das Abstillen erleichtern und verhindern, dass Sie »überlaufen«.

Kaffee oder Tee lieber ungesüßt trinken und statt Sahne fettarme Milch (1,5 %) dazugeben. Gegen Süßstoff ist medizinisch nichts einzuwenden, wenn Sie meinen, das zu brauchen. Denn Honig oder Fruchtsüße bzw. Dicksäfte haben eine ähnliche Wirkung wie Zucker und denselben Kaloriengehalt: deshalb Vorsicht!

REZEPTREGISTER

Zum Gebrauch
Damit Sie Rezepte mit bestimmten Zutaten noch schneller finden können, stehen in diesem Register zusätzlich auch Zutaten wie **Äpfel** oder **Eier** – ebenfalls alphabetisch geordnet und **hervorgehoben** – über den entsprechenden Rezepten.

SACHREGISTER

Unsere Garantie

Alle Informationen in diesem Ratgeber sind sorgfältig und gewissenhaft geprüft. Sollte dennoch einmal ein Fehler enthalten sein, schicken Sie uns das Buch mit dem entsprechenden Hinweis an unseren Leserservice zurück. Wir tauschen Ihnen den GU-Ratgeber gegen einen anderen zum gleichen oder ähnlichen Thema um.

Liebe Leserin und lieber Leser,

wir freuen uns, dass Sie sich für ein GU-Buch entschieden haben. Mit Ihrem Kauf setzen Sie auf die Qualität, Kompetenz und Aktualität unserer Ratgeber. Dafür sagen wir Danke! Wir wollen als führender Ratgeberverlag noch besser werden. Daher ist uns Ihre Meinung wichtig. Bitte senden Sie uns Ihre Anregungen, Ihre Kritik oder Ihr Lob zu unseren Büchern. Haben Sie Fragen oder benötigen Sie weiteren Rat zum Thema? Wir freuen uns auf Ihre Nachricht!

Wir sind für Sie da!
Montag–Donnerstag: 8.00–18.00 Uhr;
Freitag: 8.00–16.00 Uhr
Tel.: 0180-5005054*
Fax: 0180-5012054*
*(0,14 €/Min. aus dem dt. Festnetz/ Mobilfunkpreise können abweichen.)
E-Mail:
leserservice@graefe-und-unzer.de

P.S.: Wollen Sie noch mehr Aktuelles von GU wissen, dann abonnieren Sie doch unseren kostenlosen GU-Online-Newsletter und/oder unsere kostenlosen Kundenmagazine.

GRÄFE UND UNZER VERLAG
Leserservice
Postfach 86 03 13
81630 München

Projektleitung:
Stephanie Schönemann
Lektorat: Adelheid Schmidt-Thomé
Korrektorat: Mischa Gallé
Layout, Typografie und Umschlaggestaltung: independent Medien-Design, Horst Moser, München
Satz: abavo GmbH, Buchloe
Herstellung: Claudia Labahn
Reproduktion: Wahl Media GmbH, München
Druck und Bindung:
Firmengruppe APPL, Wemding
Syndication:
www.jalag-syndication.de

ISBN 978-3-8338-1892-9

1. Auflage 2010

GRÄFE UND UNZER

Ein Unternehmen der
GANSKE VERLAGSGRUPPE

Die Autorin

Dagmar von Cramm ist Diplom-Ökotrophologin, in Funk und TV gefragte Ernährungsexpertin und Mutter von drei Söhnen. In zahlreichen Büchern und Zeitschriften publiziert sie rund um das Thema gesunde Ernährung. Unterstützt wird sie von Dipl. troph. Kathleen Peterka (Redaktion).
www.dagmarvoncramm.de

Der Fotograf

Jörn Rynio arbeitet als Fotograf in Hamburg. Zu seinen Auftraggebern gehören nationale und internationale Zeitschriften, Buchverlage und Werbeagenturen. Alle Bilder rund ums Essen stammen aus seinem Studio. Tatkräftig unterstützt wurde Jörn Rynio dabei von den Foodstylistinnen **Petra Speckmann** und **Michaela Suchy** (Arrangements und Requisite).

Bildnachweis

Corbis: S. 5 rechts, S. 7 oben, S. 8 unten, S. 55; Getty Images: S. 9 rechts; Picture Press: S. 8 mitte; Stock Food: S. 8 oben; Logo Verein zur Unterstützung der WHO/ UNICEF-Initiative »Babyfreundliches Krankenhaus« e.V.:
S. 5 links; Deutsche Gesellschaft für Ernährung e.V. et al., 2000:
Grafik Innenklappe hinten
Jörn Rynio: alle anderen Fotos

Titelbildrezept

Lachs-Fenchel-Pasta von Seite 24

Kochlust pur

Die neuen KüchenRatgeber – da steckt mehr drin

ISBN 978-3-8338-0826-5
64 Seiten

ISBN 978-3-8338-0909-5
64 Seiten

ISBN 978-3-8338-0305-5
64 Seiten

ISBN 978-3-8338-1432-7
64 Seiten

ISBN 978-3-8338-0908-8
64 Seiten

ISBN 978-3-8338-1891-2
64 Seiten

Änderungen und Irrtum vorbehalten

Das macht sie so besonders:

- Neue mmmh-Rezepte – unsere beste Auswahl für Sie
- Praktische Klappen – alle Infos auf einen Blick
- Die 10 GU-Erfolgstipps – so gelingt es garantiert

G|U

Willkommen im Leben.

küchen götter.de
powered by G|U

Einfach göttlich kochen und himmlisch speisen?
Die passenden Rezepte, Küchentipps und -tricks
in Wort und Film finden Sie ganz einfach unter:
www.küchengötter.de

Richtig essen stärkt Mutter und Kind

Stillende brauchen nicht nur mehr Kalorien, sondern auch mehr Vitamine, Mineralstoffe, Flüssigkeit, mehrfach ungesättigte Fette und Eiweiß.

Der Kalorienbedarf steigt, wenn Sie voll stillen, nach und nach um bis zu 600 kcal pro Tag (s. Grafik nebenan). Deshalb ist es nicht so schwer, ausreichend Nährstoffe zu tanken.

Bei **Mineralstoffen** wie Kalzium, Magnesium und Eisen ist der Gehalt in der Muttermilch relativ konstant. Sie werden aus den Körperspeichern geholt. Das heißt aber auch: Ein Zuwenig im Essen geht auf Kosten der Mutter. Vegetarier müssen besonders aufpassen – vor allem, wenn sie keine Milchprodukte essen. Untersuchungen zeigten, dass Mineralstoffe in Tablettenform wenig bringen. Gut sind dagegen Milch und Milchprodukte, Seefisch und Fleisch: Sie enthalten viel Kalzium, Zink und Eisen. Das Angebot über den Tag verteilt zu sich zu nehmen wirkt am besten.

Der Vitamingehalt der Muttermilch ist teilweise abhängig von dem, was die Mutter isst. Das gilt ebenfalls für die Omega-3-Fettsäuren, Jod und Selen. Wasserlösliche Vitamine können – abgesehen von Vitamin B 12 – nicht gespeichert werden. Ihr Gehalt in der Muttermilch ist deshalb von einer täglichen guten Versorgung abhängig. Das bedeutet, vielseitig zu essen: Vollkorn, Fleisch, Obst, Gemüse, Milchprodukte, Nüsse und Kerne.

Eiweiß ist ein wichtiger Bestandteil auch von Muttermilch. Bei eiweißreichen Lebensmitteln auf den Fettgehalt achten. Vegetarier sollten viel Milchprodukte, Nüsse, Kerne und Vollkorn essen, um ausreichend Eiweiß zu bekommen.

Omega-3-Fettsäuren sind für die Hirnentwicklung des Babys wichtig. Studien zeigen, dass der Verzehr von viel fettem Seefisch (Lachs, Thunfisch, Makrele, Hering) und Ölen mit vielen Omega-3-Fettsäuren (Raps-, Lein-, Walnussöl) sich positiv auf den Gehalt in der Muttermilch und damit auf die Intelligenz des gestillten Babys auswirken können.

Jetzt wieder erlaubt Toxoplasmose, Listeriose, EHEC (Darmbakterien) und Salmonellen werden nach neuesten Studien nicht über die Muttermilch übertragen. Mit anderen Worten: Matjes, Räucherlachs, Sushi und Rohmilchkäse sind okay, ebenso luftgetrocknete Salami oder Schinken. Wichtig ist nach wie vor Hygiene in der Küche. Denn durch Ansteckung von Mensch zu Mensch kann sich natürlich jeder infizieren – auch das Baby. Ein voll gestilltes Kind ist aber vor Infektionen besser geschützt als ein Flaschenkind.

In der Praxis Um die 600 Kalorien Mehrbedarf zu decken, dürfen Sie z. B. Folgendes pro Tag mehr essen:
2 Käsebrötchen oder 2 Schinken-Käse-Toasts
oder 2 Paar Wiener Würstchen
oder 1 Portion Apfelstrudel mit 1 Latte macchiato
oder eine doppelte Portion Müsli mit Joghurt
oder 300 g Lachs oder 260 g Thunfisch
oder 170 g Lammkotelett
oder 3 EL Rapsöl + 2 EL Sonnenblumenkerne (45 g)